U0940425

群書治要360

第二册

《群書治要360》編寫組　編著

團结出版社
UNITY PRESS

图书在版编目（CIP）数据

群书治要360/《群书治要360》编写组编著.—北京：团结出版社，2013.5
ISBN 978-7-5126-1809-1

Ⅰ.①群… Ⅱ.①群… Ⅲ.①政书-中国-唐代②《群书治要》-通俗读物 Ⅳ.①D691.5-49

中国版本图书馆CIP数据核字(2013)第093502号

出版：团结出版社
（北京市东城区东皇城根南街84号 邮编：100006）
电话：(010) 65228880 65244790（传真）
网址：http://www.tjpress.com
Email：65244790@163.com（投诉）
经销：全国新华书店
印刷：三河市祥达印装厂
装订：三河市祥达印装厂

开本：170×240毫米 1/16
印张：37
字数：450千字
版次：2013年12月 第1版
印次：2013年12月 第1次印刷

书号：ISBN 978-7-5126-1809-1/D.368
定价：60.00元（全二册）

《群書治要》序

《群書治要》是唐太宗李世民（西元五九九年——六四九年）于貞觀初年下令編輯。太宗十六歲隨父從軍，起義平定動亂的社會，戎馬倥偬十餘年。二十七歲繼帝位後，偃武修文，特別留心于治平之道，休生養民。

太宗英武善辯，遺憾早年從軍，讀書不多。鑒於前隋滅亡之失，深知創業不易，守成維艱，在位期間，鼓勵群臣進諫，批評其決策過失。令諫官魏徵及虞世南等，整理歷代帝王治國資政史料，擷取六經、四史、諸子百家中，有關修身、齊家、治國、平天下之精要，彙編成書。上始五帝，下迄晉代，自一萬四千多部、八萬九千多卷古籍中，博采典籍六十五種，共五十余萬言。

書成，如魏徵於序文中所説，實為一部「用之當今，足以鑒覽前古；傳之來葉，可以貽厥孫謀」的治世寶典。太宗喜其廣博而切要，日日手不釋卷。曰：「使我稽古臨事不惑者，卿等力也」。由是而知，貞觀之治的太平盛況，此書貢獻大矣！誠為從政者必讀之寶典。

然因當時中國雕版印刷尚未發達，此書至宋初已失傳，《宋史》亦不見記載。所幸者，日本金澤文庫藏有鎌倉時代（一一九二——一三三〇年）日本僧人手寫《群書治要》的全帙。並於清乾隆六十年，由日人送回中國本土。上海商務印書館四部叢刊和臺灣分別以此版為底本影印出版。二〇一〇年歲末，我們幸得此書，反復翻閱，歡喜無量，深刻體會古聖先賢之文化教育，的確能為全世界帶來永恆之安定和平。最極關鍵者，即國人本身，必須真正認識傳統文化，斷疑啟信。聖賢傳統文化實為一切眾生自性流露，超越時空，亙古彌新。學習關鍵，端在「誠敬」二字。《曲禮》曰：「毋不敬。」清康熙曰：「臨民以主敬為本」；「誠與敬，千古相傳之學，不越乎此」。程子曰：「敬勝百邪。」說明修身進德、利世濟民，唯「誠敬」二字，方能圓成。若對古聖先王之教育毫無誠敬，縱遍覽群籍，亦難獲實益。孔子曰「述而不作，信而好古」是也。

過去孫中山先生于《三民主義》講演中（民族主義第四講）曾雲：「歐洲的

科學發達、物質文明的進步，不過是近來二百多年的事。……至於講到政治哲學的真諦，歐洲人還要求之於中國。諸君都知道世界上學問最好的是德國，但是現在德國研究學問的人，還要研究中國的哲學，甚至於研究印度的佛理，去補救他們科學之偏。」

英人湯恩比博士更云：「欲解決二十一世紀的社會問題，唯有孔孟學說與大乘佛法。」靜觀今日世界亂象紛呈，欲救世界、救中國，中國傳統文化教育所能起到的作用舉足輕重。老祖宗留傳至今的治國智慧、理念、方法、經驗與成效，均是歷經千萬年考驗所累積的寶藏結晶。《群書治要》至珍至貴！果能深解落實，天下太平，個人幸福，自然可得。我們深知今日《群書治要》之重現，實有其神聖使命，若大家共同學習，則和諧社會、大同之治的世界指日可待。

淨空

二〇一〇年十二月二十八日

《群書治要三六〇》系列序

《群書治要》乃集中國古聖先王修齊治平之智慧、方法、經驗、效果，是為大成，亦是歷經歷史考驗所積累下來的文化結晶。這部寶典既能幫助唐太宗開創「貞觀之治」，奠定大唐三百年盛世的基礎，也必能為當今各級領導者，提供珍貴借鑒。不僅如此，對於不同領域、不同身份的社會大眾，此書亦如同智慧源泉般，能使身心安樂、家庭幸福、事業永續。

我們的導師念念不忘中華文化的承傳，二〇一〇年底，幸蒙祖宗庇佑，這套寶典最終送到了導師手中。老人家深知此書是解決當今社會問題的一劑良方，歡喜不已，立即委託世界書局翻印流通。導師在馬來西亞拜訪納吉首相與馬哈迪前首相時，簡略地介紹了《群書治要》的內容，兩位元長者當時便迫切地表示想看到英文譯本。導師由此想到，可從《群書治要》中節錄，選成三百六十條，譯成白話文並翻譯成各國文字，方便大眾每天閱讀。因此，我們承擔了編輯《群書治要三六〇》的任務。導師預計在若干年間，每年從《群書治要》當中選取三百六十條原文，並譯成不同語言在全世界流通。導師認為，這是中國對於整個世界和平作出的偉大貢獻。

《群書治要》取材于經、史、子，共計六十六部，五十卷。其目錄是將《周易》、《史記》、《六韜》等經、史、子的書目，逐次排列。我們編譯《群書治要三六〇》，將整套書概括為六條大綱：君道、臣術、貴德、為政、敬慎、明辨。每條大綱下，又歸納了《群書治要》論述的相關要點作為細目。希望本書的綱目，對於讀者領納《群書治要》全書的精神，能有所幫助。

《群書治要三六〇》的編譯工作剛開展，隨即得到了全球各地許多仁人志士的協助，在此一併致上真誠的謝意！

由於我們編輯小組的德行、學識有限，本書肯定有許多疏漏之處，懇請諸位仁者不吝賜教，批評指正。衷心祝福大眾在古聖先賢智慧的引領下，身心和諧、家庭和樂、事業和順，並希望本書能幫助社會化解衝突、消弭對立，走向安定、幸福、美滿、和平的大同世界。讓我們攜手並進，共創和諧！

《群書治要三六〇》編寫組　謹識

二〇一三年三月三十日

《群書治要三六〇・第二冊》說明

一、原文

魏徵等唐初大臣輯錄《群書治要》（以下簡稱《治要》）所依據的六十六部原著，均為貞觀以前的古籍經典，這些古籍經典在唐之後的千餘年，經過官方學者的多次點校、勘誤、整理，與當今出版的相應典籍存有差異。比如《論語》中，現今眾所周知的「三人行，必有我師焉」一句，《治要》輯錄的《論語》則是「我三人行，必得我師焉」。這是《治要》值得重視的又一文化價值，它保留了唐初古籍善本的原貌。

《治要》一書現存原版，有西元十三世紀日本鎌倉幕府第五代將軍北條即時（亦稱金澤即時）藏于其金澤文庫的抄本，簡稱「金澤文庫本」；日本元和二年（西元一六一六年）銅活字印本駿河版，簡稱「元和本」；日本天明元年（西元一七八一年）起校勘，天明六年（西元一七八六年）告成，重印流通，簡稱「天明本」；民國年間，商務印書館曾經在日本天明本的基礎上校勘重排出版，簡稱「商務本」。元和、天明本目錄中，共計六十五部典籍，而金澤文庫本卷四十六另有《時務論》一篇，內容則是元和、天明本卷四十八《體論》的最後兩段，故《治要》採納的典籍實為六十六部。而全書流傳至今，已缺卷四《春秋左氏傳（上）》、卷十三《漢書（一）》、卷二十《漢書（八）》。我們選編《群書治要三六〇·第二冊》時，為彌補此缺憾，故從《治要》相關典籍原文前後，節錄了若干精彩片段。

我們選編《群書治要三六〇·第二冊》所摘錄的三百六十條，全部依照《治要》原文，同時抄錄其中的小注，並抄錄了天明本頁眉處的校勘文字，同時也參考了商務本所作的校勘。

《治要》對六十六種典籍的採錄，並非僅作刪節處理，而是摘錄其要。如對《禮運大同篇》，本書濃縮為：「大道之行也，天下為公。選賢與能。故人不獨親其親，不獨子其子，使老有所終，幼有所長，鰥寡孤獨廢疾者，皆有所養。是故謀閉而不興，盜竊亂賊而不作。是謂大同。」若讀者欲深入瞭解六十六部典籍，仍需閱讀典籍全文。

二、字體、字形

本書採用的是繁體漢字。對原文中的混刻字，如已己巳、日曰等，一律依據文意改正，不出校記。

三、標點

金澤文庫本、元和本《群書治要》無斷句，天明本的斷句，全部用「、」作為標誌。本書斷句以天明本為主要參考，個別地方依照商務本或所引典籍的通行讀本進行斷句，全書均採用現行標點符號。

四、注釋、翻譯原則

本書注釋力求簡而精。若小注對原文字詞已有闡釋，原則上就不在注釋中重複列出。譯文則採用直譯與意譯相結合的方式。譯完若覺仍欠圓滿，則在譯文後稍加發揮，以便讀者更深入地領略先賢精神。

五、排版説明

本書分原文、注釋、白話三部分。《治要》原文中的小注，仍以小注方式呈現；天明本頁眉處的校勘文字，現改放入原文中，亦以小注方式呈現，為示區別，校勘文字用括弧加以標明。

《群書治要三六〇》編寫組　謹識

二〇一三年三月三十日

目錄

貳、臣術

參、貴德

肆、為政

伍、敬慎

陸、明辨

壹、君道

一、修身

甲、戒貪

1、聖人守其所以有，不求其所未得。求其所未得，則所有者亡矣；修其所有，則所欲者至矣。（卷四十一　淮南子）

【白話】聖人安守自己本具的性德，而不貪求自己未獲得的。貪求自己未獲得的，反而已擁有的會喪失掉（因爲貪求則無福，更有甚者會貪贓枉法，將福報折盡）；如果修養自己本具的性德，想得到的就會自然得到（因爲性德具有無量的智慧德能福報）。

2、絕無益之欲，以奉德義之塗①；棄不急之務，以修功業之基。

其於名行，豈不善哉？（卷二十八　吳志下）

【白話】斷絕無益的欲望，來遵循道德仁義之路；放棄無關緊要的事情，來修習建功立業的根基。這對自己的名聲與品行，難道不是很有益的嗎？

【註釋】①塗：同「途」，引申指途徑，門路。

3、福生於無爲，而患生於多欲。故知足，然後富從之；德宜君人，然後貴從之。故貴爵而賤德者，雖爲天子不貴矣；貪物而不知止者，雖有天下不富矣。（卷八　韓詩外傳）

【白話】幸福產生於內心知足而無所外求，而憂患產生於人的欲望過多。所以一個人知道滿足，然後富裕會隨著到來；德行適合領導民眾，然後尊貴就會隨之而來。所以看重爵位而輕視德行的人，雖然做了天子也並不高貴；貪求財物而不知休止的人，雖然擁有天下也並不富足。

4、有以欲多亡者，未有以無欲危者也；有以欲治而亂者，未有以守常①失者也。

（卷四十一　淮南子）

【白話】有因爲欲望太多而滅亡的，沒有因爲無欲而陷入危險的；有因爲想要治理卻混亂的，沒有因爲遵循常道卻失敗的。

【註釋】①常：常規，常道。

5、三代①之興，無不抑損情欲；三季②之衰，無不肆其侈靡。

（卷二十九　晉書上）

【白話】夏、商、周三代之所以興盛，無不是因爲領導者對自己的七情五欲加以節制；三代末期的衰敗，無不因肆意奢侈浪費。

【註釋】①三代：指夏、商、周。
②三季：指夏、商、周三代的末期。

6、日月欲明，浮雲蓋之；河水欲清，沙石穢①之；人性欲平，嗜欲害之。夫縱欲而失性，動未嘗正也，以治身則失，以治國則敗。

（卷四十一　淮南子）

【白話】日月本欲明亮，卻有浮雲遮蔽它；河水本欲清澈，卻有沙石污染它；人性本欲寧靜，卻有嗜欲妨害它。如果放縱欲望而喪失了本性，那麼行動就沒有正確的時候，以這種心態修身則自身會陷入危殆，以這種心態治國則會使國家衰敗。

【註釋】①穢：污染，玷污。

7、天下之愚，莫過於斯，知貪前之利，不睹其後之患也。

（卷十二　吳越春秋）

【白話】天下沒有比這更愚蠢的了，只貪圖眼前的利益，而看不到身後的禍患。

8、今人之所以犯囹圄①之罪，而陷於刑戮②之患者，由嗜欲無厭③，不修度量④之故也。（卷四十一　淮南子）

【白話】人們之所以犯監禁之罪，而遭刑罰、殺戮之禍，是因爲其嗜欲沒有止境，（心靈墮落）而不以法度自我要求的緣故。

【註釋】①囹圄：音líng yǔ／ㄌㄧㄥˊ ㄩˇ。監獄。
②刑戮：受刑罰或被處死。
③厭：滿足。
④度量：法度。

9、夫物暴長①者必夭折，功②卒成者必亟壞。（卷二十二　後漢書二）

【白話】任何東西迅猛生長必然會夭折，功業倉促而成必然會很快衰敗。

【註釋】①暴長：急遽生長。

②卒：突然。後多作「猝」。

乙、勤儉

10、儉，德之恭①也；侈，惡之大也。（卷二十九　晉書上）

【白話】節儉是偉大的美德，奢侈是嚴重的惡行（因爲節儉可培養愛敬之心，奢侈則產生很大後患）。

【註釋】①恭：通「洪」。大。

11、古言非典義，學士不以經心；事非田桑，農夫不以亂業；器非時用，工人不以措手；物非世資，商賈不以適市。士思其訓，農思其務，工思其用，賈思其常。是以上用足而下不匱。（卷四十九　傅子）

【白話】古時，言談不符合經典義理的，學士不會留心；不是耕田養蠶之事，農夫不因之而擾亂本業；器具不適宜當時使用的，工人就不動手去做它；物品不是社會需要的，商人不把它運到市場。士人想著聖賢的訓誨，農民想著務農，工人想著器物的實用，商人想著經營常用的物品。因此，在上者用度充足，百姓的需要也不缺乏。

丙、懲忿

12、損。君子以懲忿窒欲。可損之善，莫善損忿欲。（卷一　周易）

【白話】君子看到損卦，就知道應當善於掌控自己的憤怒，克制自己的欲望。

13、秦始皇之無道，豈不甚哉？視殺人如殺狗彘①。狗彘，仁人用之猶有節。始皇之殺人，觸情②而已，其不以道如是。而李斯又深刑③峻法，隨其指而妄殺人。秦不二世而滅，李斯無遺

類④。（卷四十九　傅子）

【白話】秦始皇殘暴無道，豈不是太嚴重了嗎？看待殺人如同殺豬狗。豬狗，仁人使用牠們尚且有節制。始皇殺人，只是因觸怒了自己而已，他不按道義行事達到了如此程度。李斯又進一步施行嚴刑峻法，按自己意圖胡亂殺人。結果秦朝不滿兩代就亡國，李斯也全族絕滅。

【註釋】①彘：音zhì／ㄓˋ。豬。

②觸情：觸發情緒。

③深刑：嚴刑。

④遺類：指殘存者。

丁、遷善

14、子曰：「見賢思齊焉，見不賢而內自省也。」（卷九　論語）

【白話】孔子說：「看見賢人，便應當想著向他看齊；看見不賢的人，便應當自我反省（是否有和他類似的情形）。」

15、太上樂善，其次安之，其下亦能自強也。（卷三十五　曾子）

【白話】人最高的境界是樂於爲善，其次是習慣爲善，其下是能夠勉勵自己努力爲善。

戊、改過

16、益。君子以見善則遷，有過則改矣。從善改過，益莫大焉。（卷一　周易）

【白話】君子看到益卦，就知道見到別人的善言善行就應該努力效仿，有過錯就要立即改正。

17、人誰無過？過而能改，善莫大焉。（卷五　春秋左氏傳中）

【白話】哪個人沒有犯過錯誤？犯了過錯能改正，沒有比這更大的善行了。

18、太上不生惡，其次生而能夙絕之，其下復而能改。（卷三十五　曾子）

【白話】人最高的境界是沒有惡念，其次是有了過錯能早早地斷絕，其下是錯誤復犯後終能改過。

19、子曰：「君子不重則不威，學則不固。主忠信，無友不如己者。過則勿憚改。」主，親也。憚，難也。（卷九　論語）

【白話】孔子說：「君子內心和外表不莊重，便沒有威儀，學問都不堅固。親近忠信之人（以他們爲師），不和與自己志不同道不合的人交朋友。有了過失，不要怕改正。」

二、敦親

20、刑①于寡妻②，至于兄弟，以御③于家邦。刑，法也。寡妻，寡有之妻，言賢也。御，治也。文王以禮法接待其妻，至于其宗族，以此又能爲政，治於家邦。（卷三　毛詩）

【白話】修養德行首先給自己的妻子做個好榜樣，處處以禮法相待，由此擴展到作爲兄弟們的表率，進而就可以用來治理一家一國了。

【註釋】①刑：法。指以禮法相待（依鄭玄箋註）。

②寡妻：嫡妻。

③御：治理。

21、君之於世子也，親則父也，尊則君也。有父之親，有君之尊，

然後兼天下而有之。（卷七　禮記）

【白話】君王對於世子，從親疏關係而言是父親，從尊卑關係而言則爲君王。君王對於全國民眾既具有父親的親愛，又具有君王的尊嚴，然後才能君臨天下、擁有百姓。

22、《傳》曰：「周之同盟①，異姓爲後。」誠骨肉之恩，爽②而不離。親親③之義，寔④在敦固。未有義而後其君，仁而遺其親者也。（卷二十六　魏志下）

【白話】《左傳》上說：「周朝天子與諸侯盟會，異姓諸侯排列在後。」實在是因爲骨肉之間恩情深厚，即使有過失也不會離棄。親愛親屬的道理，確實應當敦厚堅貞。未曾有忠義的臣子會怠慢君主，也未曾有仁德之人會遺棄自己的親人。

【註釋】①同盟：《左傳・隱公十一年》及《三國志・陳思王植傳》通行本均作「宗盟」。宗盟，指天子與諸侯的盟會。

②爽：差失；不合。

③親親：親愛親屬。

④寔：同「實」。確實，實在。

23、君子篤於親，則民興於仁；故舊不遺，則民不偷①。興，起也。能厚於親屬，不遺忘其故舊，行之美者也，則皆化之，起爲仁厚之行，不偷薄。（卷九　論語）

【白話】在位的君子，若能厚待他的父母兄弟，民眾就會興起仁愛之風；不遺棄他的舊友故交，民眾就不會對人冷淡無情。

【註釋】①偷：澆薄；不厚道。

三、反身

24、孔子曰：「人能弘道，非道弘人也。」故治亂廢興在於己，非天降命不可得反也。（卷十七　漢書五）

【白話】孔子說：「人能光大道義，不是道義去光大人。」所以國家的安定與動亂、興盛與衰亡，都決定於君主自己，而並非天命不可挽回。

25、子路問君子。子曰：「修己以敬。」敬其身也。曰：「如斯而已乎？」曰：「修己以安百姓。修己以安百姓，堯、舜其猶病①諸②！」病，猶難也。（卷九　論語）

【白話】子路問怎樣才算君子。孔子說：「以敬來修治自己，使身心言語統歸於敬，處處合禮，這就可以算是君子了。」子路又問：「這樣就夠了嗎？」孔子說：「修治自己來讓百姓得到安樂。修治自己進而令百姓得以安樂，這件事就是連堯、舜那樣的聖君，恐怕也難做得周到呀！」

【註釋】①病：難，不易。

②諸：「之乎」二字的合音字。

26、主者國之心也，心治①則百節②皆安，心擾則百節皆亂。治猶理也。節猶事也。以體喻也。（卷四十一　淮南子）

【白話】君主好比是國家的心臟，心安則全身都會安定，心亂則全身都會紊亂。

【註釋】①治：指心緒安寧平靜。

②節：骨節。人身骨骼聯接的部分。

27、故天下不正，修之國家；國家不正，修之朝廷；朝廷不正，修之左右；左右不正，修之身；身不正，修之心。所修彌①近，而所濟彌遠。禹②、湯③罪④己，其興也勃焉，正心之謂也。

（卷四十九　傅子）

【白話】所以，天下不正就要整治國家，國家不正就要整治朝廷，朝廷不正就要整治身邊的臣子，臣子不正就要加強自身的智慧德能，自身不正就首先要調整自己的思想。所整治的愈切近，所成就的愈遠大。夏禹、商湯常常檢討自己的錯誤，國家的興盛就很快，這是調整自己思想的結果。

【註釋】①彌：更加，愈發。

②禹：姒姓，名文命，鯀之子。又稱大禹、夏禹、戎禹。後被選爲舜的繼承人，舜死後即位，建立夏代。

③湯：契的後代，子姓，名履，又稱天乙。商開國之君。

④罪：歸罪於。

28、唯不推心①以況②人，故視用人如用草芥。使用人如用己，惡③

有不得其性者乎？古之達④治者，知心爲萬事主，動而無節則亂，故先正其心。其心正於內，而後動靜不妄，以率先天下，而後天下履正⑤，而咸保其性也。斯遠乎哉？求之心而已矣！

（卷四十九　傅子）

【白話】正是沒有推己及人去體諒他人，所以看待用人如用草芥。如果任用別人就像任用自己，（如此感同身受）怎麼會不了解人民的性情（順應民心而治）呢？古代能通達治國之道者，明白心是萬事的主宰，行爲無節制，就會使國家動亂，所以首先端正自己的思想心態。假如思想心態端正，無論動還是靜，都不會胡作非爲，自己做天下人的表率，天下人就會踐行正道，從而皆能保有其良善的本性。這些要求遙遠嗎？不過是求之於自心而已呀！

【註釋】①推心：以誠相待。

②況：比，引申爲推及；推測。

③惡：音wū／ㄨ。相當於「何」、「怎麼」。
④達：通曉；明白。
⑤履正：躬行正道。

29、故上老老①而民興孝，上長長而民興悌，上恤孤而民不背。所惡於上，無以使下；所惡於下，毋以事上。（卷七　禮記）

【白話】所以在上位的人能尊敬老年人，那麼百姓的孝敬之風就能興起；在上位的人能敬事長者，那麼百姓的愛敬之風就能興起；在上位的人能體恤孤苦無依的人，那麼百姓之間就不會相互背棄。不喜歡上司對自己的一些做法，就不要這樣去對待下屬；不喜歡下屬的一些行爲表現，自己就不要以同樣的方式來對待上級。

【註釋】①老老：以敬老之道侍奉老人。

30、堯舜率天下以仁，而民從之；桀紂率天下以暴，而民從之。（卷七　禮記）

【白話】堯王、舜王以「仁」領導天下，百姓就跟著他行仁；夏桀、商紂以暴戾橫行天下，百姓就跟著他做壞事。

31、夫上之所爲，民之歸①也。上所不爲，而民或爲之，是以加刑罰焉，而莫敢不懲。若上之所爲，而民亦爲之，乃其所也，又可禁乎？（卷五　春秋左氏傳中）

【白話】上位者的所作所爲，百姓會趨向效法。上位者所不做的事，而百姓有人做了，因此加以懲罰處分，就沒有誰還敢不加以警戒。若上位者所做的，百姓也有人做了，這乃是勢所必然的，又怎能禁止得了呢？

【註釋】①歸：趨向，歸附。

32、孔子曰：「人而不仁，疾之以甚，亂也。」故民亂反之政，政亂反之身。身正而天下定。是以君子嘉善①而矜不能，恩及刑人，德潤窮夫②。施惠悅爾，行刑不樂也。

（卷四十二　鹽鐵論）

【白話】孔子說：「對待不仁的人，憎惡得太過分，那就必然立即作亂了。」因此，下民亂了，要從朝政上反省原因；朝政亂了，要從執政者自身反省原因。自身思想觀念、行動舉措都正確了，天下自然安定。所以，君子能夠讚美善良的人，又能夠同情那些不能爲善的人，對受刑的人給予恩惠，對鄙賤之人也施與恩德。在施與恩惠時內心滿懷喜悅，而在不得已需要執行刑罰時就會感到難過。

【註釋】①嘉善：讚美善人。

②窮夫：鄙賤之人。

33、是以天萬物之覆①，君萬物之燾②也。懷生③之類，有不浸潤

於澤者，天以爲負；員首④之民，有不霑濡⑤於惠者，君以爲恥。（卷四十七　政要論）

【白話】因此，上天是萬物的庇護者，君主是萬物的保護者。凡是生靈，只要有一個沒有得到滋潤，上天就會覺得有所虧欠；百姓之中，只要有一人沒有得到君王的恩惠，君主就會覺得這是恥辱。

【註釋】①覆：保護；庇護。

②燾：音dào／ㄉㄠˋ。覆蓋，引申爲庇蔭。

③懷生：指有生命之物。

④員首：指百姓。

⑤霑濡：浸濕。指蒙受恩澤。

34、《象》曰：山上有水，蹇①。君子以反身②修德。除難莫若反身修德也。《彖》曰：蹇，難也，險在前也。見險而能止，智矣哉！

（卷一　周易）

【白話】《象傳》說：山上流水跌宕曲折而下，行動艱難，這是蹇卦的象徵。君子看到此卦，就想到在困難之時應該反省自身，修養自身德行。《象傳》說：蹇卦，象徵著艱難，就是前面有危險的意思。看到險情能夠停止，這是明智之舉啊！

【註釋】①蹇：音jiǎn／ㄐㄧㄢˇ。跛行艱難。

②反身：反求自身。

35、修己而不責人，則免於難。

（卷四　春秋左氏傳上）

【白話】修養自己的德行，而不去責難別人，就會免於遭受禍難。

四、尊賢

36、仁人也者，國之寶也；智士也者，國之器也；博通①之士也者，國之尊也。故國有仁人，則群臣不爭；國有智士，則無四鄰諸侯之患；國有博通之士，則人主尊。（卷四十二　新序）

【白話】有仁德的人是國家的珍寶；有才智的人是國家的重器；博通的人是國家所尊貴的。因此，國中有仁者，那麼群臣就不會爭權奪利；國家有智士，那麼國家就沒有四鄰諸侯侵擾的擔憂；國家有博通的人，那麼國君就會受到尊崇。

【註釋】①博通：廣泛地通曉；了解各種事理與知識。

37、尊聖者王；貴賢者霸；敬賢者存；嫚①賢者亡。古今一也。（卷三十八　孫卿子）

【白話】尊重聖人的君主會稱王於天下；重視賢人的君主會稱霸於諸侯；恭敬賢

人的君主，國家會存在；怠慢賢人的君主，國家就會滅亡。從古到今都是一樣。

【註釋】①嫚：褻瀆，輕侮。

38、夫善人在上，則國無幸民。諺曰：「民之多幸，國之不幸。」是無善人之謂也！（卷五　春秋左氏傳中）

【白話】有德行的人處於上位，國中就沒有心存僥倖的人。俗話說：「如果百姓多存僥倖心理，那將是國家之不幸。」說的就是沒有有德之人在上位執政啊！

39、無善人則國從之。從亡也。《詩》曰：「人之云①亡，邦國殄瘁②。」無善人之謂也。故《夏書》曰：「與其殺不辜，寧失不經③。」懼失善也。逸書也。不經，不用常法。（卷五　春秋左氏傳中）

【白話】沒有賢人，國家就會隨之衰敗。《詩經》說：「賢人不在了，國家就遭禍殃。」這是由於失去賢人的緣故。所以《夏書》說：「與其錯殺無辜，寧可失之於不用常法。」就是害怕失去賢人。

【註釋】①云：句中助詞，無義。
②殄瘁：同義詞連用，指困窮，困苦。
③經：常法。

40、故王者勞於求賢，逸於得人。舜舉衆賢在位，垂衣裳，恭己無爲，而天下治。（卷四十二　新序）

【白話】當君主的人尋求賢才是辛勞的，得到了賢才就輕鬆了。大舜舉用了很多賢能的人，使他們各得其位，自己垂衣正身，恭謹律己，凡事不用親爲，就使得天下太平。

41、古者明王之求賢也，不避遠近，不論貴賤，卑爵以下賢①，輕身②以先士。（卷三十六　尸子）

【白話】古代明智的君王爲國家尋求賢良人才，不論關係親疏，不管地位尊卑，都會放下自己的爵位來迎接賢良人才，降低自己的身分來善待有德士人。

【註釋】①下賢：屈己以尊賢。
②輕身：謙卑降低身分，不自恃。

42、今君之位尊矣，待天下之賢士，勿臣而友之，則君以得天下矣。（卷三十一　六韜）

【白話】如今君主的地位尊崇，若對待天下的賢士，不把他們當作臣下，而以朋友相待，那麼君主就可以得到天下了。

43、周公攝①天子位七年，布衣②之士，執贄③而所師見者十人，所友見者十二人，窮巷白屋④所先見者四十九人，進善者百人，教士者千人，官⑤朝⑥者萬人。當此之時，誠使⑦周公驕而且吝，則天下賢士至者寡矣。（卷四十三　說苑）

【白話】周公代理天子執政七年，（非常禮賢下士，同時不吝分享智慧經驗及培養人才），未做官的讀書人中，他帶著禮物以尊師之禮拜見的有十人，以朋友之禮會見的有十二人，優先接見的窮巷陋屋中的貧寒之士有四十九人，隨時向自己提供善言的有上百人，受到他教導的讀書人有上千人，被選拔在官府朝廷服務的有上萬人。在那時，假使周公對人驕傲而且吝嗇，那麼天下的賢士來見他的就很少了。

【註釋】①攝：代理。

②布衣：借指平民。古代平民不能衣錦繡，故稱。

③贄：初次見人時所執的禮物。古代禮制，謁見人時攜禮物相贈。

④窮巷白屋：窮巷，冷僻簡陋的小巷。白屋，指平民或寒士的住所。
⑤官：授給某人官職；使爲官。
⑥朝：拜訪。
⑦誠使：假使。

五、納諫

44、爲人君之務，在於決壅①；決壅之務，在於進下；進下之道，在於博聽；博聽之義，無貴賤同異，隸豎牧圉②，皆得達焉。

（卷四十七　政要論）

【白話】做君主的關鍵，在於能夠去除蒙蔽；去除蒙蔽的關鍵，在於能夠讓下屬進諫；讓下屬進諫的方法，在於廣泛地聽取各種意見；廣泛地聽取意見，就是要能夠做到無視下屬的高低貴賤，即使是奴役、童僕、放牧、養馬的人，也要能夠讓他們的意見傳達進來。

【註釋】①決壅：消除壅蔽。

②隸豎牧圉：指奴役、童僕、放牧、養馬的人。圉，音yǔ／ㄩˇ。

45、欲知平直，則必準繩①；欲知方圓，則必規矩②；人主欲自知，則必直士。唯直士能正言。（卷三十九　呂氏春秋）

【白話】想要知道物體是否平直，就一定要依靠水準器和墨繩；想知道是否方圓，就一定要依靠圓規和矩尺；君主想知道自己的過失，就一定要依靠直言之士。

【註釋】①準繩：測定物體平直的器具。準，測平面的水準器；繩，量直度的墨線。

②規矩：規和矩。校正圓形和方形的兩種工具。

46、古之賢君，樂聞其過，故直言得至，以補其闕①。

（卷四十九　傅子）

【白話】古代的賢明君主，樂於聽人指出自己的過失，所以能聽到正直的話，藉以補救缺點。

【註釋】①闕：疏漏。

47、明君蒞衆①，務下之言，以昭外也；敬納卑賤，以誘賢也。其無拒言，未必言者之盡用也，乃懼拒無用而讓②有用也。

（卷四十四　潛夫論）

【白話】賢明的君主治理百姓，務求臣下之言，來昭示於朝廷外；恭敬地接納卑賤之人，來吸引賢士。君主不拒絕進言，未必所有的進言都採用，只是擔心拒絕無用的意見而會使有用的意見受到排斥。

【註釋】①莅眾：治理百姓。

②讓：通「攘」，排斥。

48、仁君廣山藪①之大，納切直②之謀。（卷二十二　後漢書二）

【白話】仁德的君主有著像高山、湖澤那樣大的胸懷，可以接納懇切率直的謀略。

【註釋】①山藪：山林與湖澤。藪，音sǒu／ㄙㄡˇ。

②切直：懇切率直。

49、今群臣皆以邕爲戒，上畏不測之難，下懼劍客之害，臣知朝廷不復得聞忠言矣。夫立言無顯過之咎①，明鏡無見玼②之尤③。如惡④立言以記過，則不當學也。不欲明鏡之見玼，則不當照也。願陛下詳思臣言，不以記過見玼爲責。（卷二十四　後漢書四）

【白話】今天群臣都以蔡邕的下場爲鑑戒，上怕受到難以預料的災難，下怕有刺客來行刺，臣知道朝廷不會再聽到忠言了。發表言論不該因指出過錯而被責處，明鏡不該因照出污點而被怨尤。如果討厭設立史官秉筆直書記錄過失，那就不該學習古人（設立史官）。如果不想被鏡子照出污點，就不該去照了。希望陛下仔細考慮臣說的話，不因爲指出過錯和反映污點而責備大臣。

【註釋】①咎：罪過，過失。
②見玭：顯露瑕疵。見，同「現」，顯現、顯露。玭，玉的斑點，引申爲缺點、毛病。
③尤：過失，罪愆。
④惡：音wù／ㄨˋ。討厭，憎恨。

50、能容直臣，則上之失不害於下，而民之所患上聞矣。

（卷四十九　傅子）

【白話】能容納正直的臣子，則君主有失誤也不會貽害百姓，而百姓的憂患君主也能聽到。

51、君明則臣直。古之聖王，恐不聞其過，故有敢諫之鼓①。

（卷二十六　魏志下）

【白話】君主聖明臣下就正直。古代聖明的君王唯恐聽不到自己的過錯，因此設立了讓進諫者敲擊以便領導者知曉的鼓。

【註釋】①敢諫之鼓：設於朝廷供進諫者敲擊以聞的鼓。

52、堯舜之世，諫鼓謗木①，立之於朝，殷周哲王，小人②怨詈③，則洗目改聽，所以達聰明④，開不諱⑤，博採負薪⑥，盡極下情

也。（卷二十三　後漢書三）

【白話】堯舜的時候，在朝堂設敢諫之鼓，立誹謗之木，殷周二朝的聖王，對待百姓的怨罵，總是洗耳恭聽，眞誠接受，所以才能夠明察事理，讓別人直言不諱，廣泛聽取普通百姓的意見、全面細緻地了解民情。

【註釋】①謗木：相傳堯舜時於交通要道豎立木柱，讓人在上面寫諫言，稱「謗木」。
②小人：平民百姓。
③怨詈：怨恨咒罵。詈，音ㄌㄧˋ。咒罵。
④聰明：指明察事理。
⑤不諱：不隱諱。
⑥負薪：指地位低微的人。

53、禹之治天下也，以五聲聽。門懸鐘鼓鐸①磬②，而置鞀③，以待四海之士，爲銘④於筍簴⑤曰：「教寡人以道者擊鼓；教寡人以義者擊鐘；教寡人以事者振⑥鐸；告寡人以憂者擊磬；語寡人以訟獄者揮鞀。」此之謂五聲。是以禹嘗據一饋而七起，日中而不暇飽食。曰：「吾不恐四海之士留於道路，吾恐其留吾門廷⑦也！」是以四海之士皆至，是以禹朝廷間，可以羅雀⑧者。

（卷三十一　鬻子）

【白話】禹王通過聆聽五種聲音來治理天下。朝堂門上懸掛著鐘、鼓、鐸和磬，旁邊擺放著鞀，以此接待天下士人，並在懸掛鐘磬的木架上刻著銘文，說：「以道教導我的請擊鼓；以義教導我的請敲鐘；教導我如何處理國家大事的請搖鐸；告知我國家憂患的請擊磬；告訴我訴訟之事的請搖鞀。」這就是所謂的五聲。因此，禹王曾經在吃一頓飯的期間七次起身處理政務，一直忙到正午都沒有時間吃飽飯。禹王說：「我不怕天下的賢者停留在路上，我擔心沒有及時聽取寶貴建議並加以處理，而讓他們滯留在我的門庭啊！」因此天下士人紛紛到來，也因此，禹的朝廷很清靜。

【註釋】①鐸：音duó／ㄉㄨㄛˊ。古代樂器，大鈴的一種。古代宣布政教法令或遇戰事時用之。青銅製品，形如鉦而有舌。其舌有木製和金屬製兩種，故又有木鐸和金鐸之分。

②磬：古代打擊樂器，狀如曲尺。用玉、石或金屬製成。

③鞀：音táo／ㄊㄠˊ。有柄的小鼓。

④銘：刻寫在器物上的文辭。

⑤筍簴：即「筍虡」，音sǔn jù／ㄙㄨㄣˇ ㄐㄩˋ。古代懸掛鐘磬的架子。橫架爲筍，直架爲虡。

⑥振：揮動，搖動。

⑦門廷：宮門、朝門外的地方。

⑧羅雀：形容門庭寂靜或冷落。

54、昔高祖①納善若不及，從諫若轉圜②。

（卷十九　漢書七）

【白話】當年漢高祖採納善言唯恐來不及，聽從諫言就好似轉動圓形之物那樣順暢迅速。

【註釋】①高祖：指西漢高祖劉邦。

②圜：音yuán／ㄩㄢˊ。同「圓」。

55、通直言之塗，引而致之，非爲名也，以爲直言不聞，則己之耳目塞。耳目塞於內，諛者順之於外，此三季①所以至亡，而不自知也。（卷四十九　傅子）

【白話】敞開直言之路，招引獲得諫言，不是爲取得好名聲，而是認爲聽不到正直的言論，自己就會耳目閉塞。自己耳目閉塞，阿諛的人又凡事順從自己，這就是夏、商、周三代末年的君主滅亡的原因，而他們自己卻不知道。

【註釋】①三季：指夏、商、周三代的末期。

56、扁鵲不能治不受鍼藥①之疾，賢聖不能正不食（食疑受）善言（善言作諫諍）之君。故桀有關龍逄②而夏亡；紂有三仁③而商滅。故不患無夷吾④由余⑤之論（論作倫），患無桓、穆之聽耳。

（卷四十二　鹽鐵論）

【白話】扁鵲不能醫治不接受針灸和藥物的疾病，賢人和聖人也不能糾正不接受勸諫的國君。因此，夏桀雖有關龍逄，夏朝還是滅亡了；殷紂雖有微子、箕子、比干三個仁人，但商朝還是滅亡了。可見不用擔心臣子沒有像管仲、由余那樣好的見解，就怕國君不能像齊桓公、秦穆公那樣願意聽取諫言。

【註釋】①鍼藥：針灸、藥物。鍼，同「針」。

②關龍逄：桀的臣子。桀作酒池塘丘，為長夜飲。龍逄力諫被殺。逄，音páng／ㄆㄤˊ。

③三仁：指微子、箕子、比干三人。

④夷吾：即管仲。

⑤由余：一作繇余，春秋時天水人。爲秦穆公出謀劃策，使秦位列春秋五霸。

六、杜讒邪

57、是故爲人君者，所與遊①必擇正人，所觀覽必察正象，放鄭聲②而弗聽，遠佞人③而弗近，然後邪心不生，而正道可弘也。（卷二十五 魏志上）

【白話】所以說，做君主者，他所交往的一定要挑選正直的人，所觀看的一定要選擇正大光明的景象，拋開庸俗的音樂而不聽，疏遠諂媚的人而不接近，這樣才能使邪惡之心不生，而正道也可以得到弘揚了。

【註釋】①遊：交遊；結交。

②鄭聲：原指春秋戰國時鄭國的音樂。鄭國的音樂多爲靡靡之音。故稱放蕩不雅正的音樂爲「鄭聲」。

③佞人：善於花言巧語，阿諛奉承的人。

58、或問：「天子守在四夷①，有諸？」曰：「此外守也，天子之內守在身。」曰：何謂也？曰：「至尊者，其攻之者衆焉，故便僻②御侍③，攻人主而奪其財；近幸妻妾，攻人主而奪其寵；逸遊伎藝，攻人主而奪其志；左右小臣，攻人主而奪其行；不令之臣，攻人主而奪其事。是謂內寇。」

（卷四十六　申鑒）

【白話】有人問：「天子的守衛在於防禦四方夷狄的入侵，是嗎？」答：「這只是對外的防禦，天子對內的防禦在於自身。」問：「此話怎講？」答：「處於至高無上地位的人，『進攻』他的人很多。逢迎諂媚的侍從攻人主之心，而競相取得其財利；人主親近的妻妾嬪妃攻人主之心，而爭奪其寵愛；放縱遊樂的歌妓藝人攻人主之心，使其玩物喪志；人主左右的小臣攻人主之心，使其品行不端；心懷不善之臣攻人主之心，使其貽誤大事。這些可說是內部的盜寇。」

【註釋】①四夷：古代華夏族對四方少數民族的統稱，指東夷、西戎、南蠻、北狄。

②便僻：音pián pì／ㄆㄧㄢˊ ㄆㄧˋ。指君主左右受寵幸的小臣。

③御侍：帝王侍從。

59、奸臣因以似象之言而為之容說①，人主不能別也，是而悅之，惑亂其心，舉動日繆②，而常自以為得道，此有國之常患也。夫佞邪之言，柔順而有文；忠正之言，簡直而多逆。

（卷五十　袁子正書）

【白話】奸臣用乍聽起來像是正道的話來諂媚君主，君主沒有能力辨別，以爲是對的而心生歡喜，混亂了自己的心思，行爲日益乖離正道，卻還總認爲自己做得合乎道義，這是君主們的通病。那些奸佞們的言語，柔和順心而有文采；忠正臣子的話，簡樸直接而多半聽來逆耳。

【註釋】①容說：曲意逢迎，以取悦於上。說，同「悦」。

②繆：音miù／ㄇㄡˋ。錯誤；乖誤。

60、諂媚小人，歡笑以贊善；面從①之徒，拊節②以稱功。益③使惑者不覺其非，自謂有端晏④之捷、過人之辨⑤而不寤⑥，斯乃招患之旌。（卷五十　抱朴子）

【白話】諂媚的小人，總是笑著稱讚叫好；當面奉承的人，總是擊節稱讚功德。更使迷惑的人覺察不出自己的錯誤，自認有著和子貢、晏子一樣的敏捷，以及超越常人的辯才，而不能醒悟，這些正是招致禍患的旗幟。

【註釋】①面從：謂當面順從。

②拊節：即擊節，形容十分讚賞。拊，音fǔ／ㄈㄨˇ。拍；擊。節，古樂器中擯制節拍的器具，用竹編成，擊之成聲。

③益：更加。

④端晏：指子貢和晏子。

⑤辨：通「辯」。指辯論的才能。

⑥寤：通「悟」，覺悟，認識到。

61、昔李斯教秦二世曰：「爲人主而不恣睢①，命之曰天下桎梏②。」二世用之，秦國以覆，斯亦滅族。（卷二十六　魏志下）

【白話】從前李斯告訴秦二世說：「當了君主若不能放任自己、無拘無束，這就叫做把天下變成束縛自己的腳鐐手銬。」秦二世採用了他的話，秦國因此而滅亡，李斯也被滅族。

【註釋】①恣睢：放縱暴戾。
②桎梏：音zhì gù／ㄓˋ ㄍㄨˋ。古代用來拘繫犯人手腳的刑具，在手上戴的爲梏，在腳上戴的爲桎，類似於近世的腳鐐手銬。

62、用賢人而行善政，如或譖①之，則賢人退而善政還②。

（卷十五　漢書三）

【白話】任用賢德的人施行清明的政治，如果有人進讒言毀謗他，那賢人就會離去，而善政也就廢止了。

【註釋】①譖：音zèn／ㄗㄣˋ。讒毀；誣陷。
②還：罷歇；止息。

七、審斷

63、天下之國，莫不皆有忠臣謀士也，或喪師敗軍，危身亡國者，誠在人主之聽，不精不審。（卷四十八　時務論）

【白話】天下所有的國家都是有忠臣和謀士的，其中有折損軍隊、吃了敗仗，危及自身乃至亡國的，實在是因爲君主聽了各種建議之後的決斷，不嚴密、不詳究。

64、夫讒人似實，巧言如簧①，使聽之者惑，視之者昏。夫吉凶之效，在乎識善；成敗之機，在於察言。（卷二十四　後漢書四）

【白話】讒奸之人看似誠實，花言巧語好像笙簧，讓聽到的人迷惑，讓看到的人昏聵。吉和凶的效驗，在於有能力認識何者是善；成或敗的關鍵，在於能夠詳審何者論述正確。

【註釋】①巧言如簧：形容人言辭巧妙動聽，猶如笙中之簧。簧，笙、竽、管等樂器中振動發聲的薄片，用竹、金屬或其他材料製成。

65、凡有血氣①，苟不相順，皆有爭心。隱而難分，微而害深者，莫甚於言矣。君人②者將和衆③定民，而殊其善惡，以通天下之志者也，聞言不可不審也。（卷四十九　傅子）

【白話】大凡有血氣的萬物，如果彼此不和順，就會有競爭之心。人們交往中隱晦而難以分辨、細小卻有大害的，莫過於言語。做君主的要協調衆人、安定百姓、分別善惡以通達天下人的心志，對聽到的話就不能不加以詳察。

【註釋】①血氣：血液和氣息。
②君人：爲人君主；治理人民。
③和衆：使百姓和順。

66、不用之法，聖主不行；不驗①之言，明主不聽也。（卷四十一　淮南子）

【白話】不合時宜的法度，聖明的君王不會施行；不切實際的言論，賢明的君王不會聽信。

【註釋】①不驗：不切實際；沒有效驗。

67、主察異言，乃覩其萌；主聘儒賢，奸雄乃遁①；主任舊齒②，萬事乃理；主聘巖穴，士乃得實。故傅說陟而殷道興，四皓至而漢祚長，得治之實也。（卷四十　三略）

【白話】君主能明察反常的言論，才能看到禍亂的萌芽。君主能聘任賢能的儒士，奸雄就會逃亡；君主信任久經考驗的老臣，萬事才能治理得好；君主訪求不求名利的隱士，這些士人的實德才得以宣揚，進而發揮教化的作用。

【註釋】①遁：逃亡；逃跑。

②舊齒：年高望重者；老臣，舊臣。

68、齊侯問於晏子曰：「爲政何患？」對曰：「患善惡之不分。」公曰：「何以察之？」對曰：「審擇左右，左右善，則百僚①各獲其所宜，而善惡分矣。」孔子聞之曰：「此言信矣。善進則不善無由入矣，不善進則善亦無由入矣。」（卷四十三　說苑）

【白話】齊侯向晏子問道：「執政最要擔心的是什麼？」晏子回答說：「擔心好人、壞人分不清。」齊侯說：「怎麼樣來考察他們呢？」晏子回答說：「審慎地選擇左右親信，如果左右親信好，那麼百官就會各自得到其所適合的位置，這樣好人、壞人也就能辨別清楚了。」孔子聽後說：「這話確實如此。賢善之人得到進用，那麼不善之人就沒有辦法進來；如果不善之人得到進用，那麼賢善之人也就沒有辦法進來了。」

【註釋】①百僚：百官。

69、衆人之唯唯，不若直士之愕愕①。

（卷八　韓詩外傳）

【白話】衆士的唯唯諾諾，不如一位正直士人的直言諫諍。

【註釋】①愕愕：直言無諱的樣子。

70、人主莫不欲得賢而用之，而所用者不免於不肖；莫不欲得奸而除之，而所除者不免於罰賢。若是者，賞罰之不當，任使之所由也。人主之所賞，非謂其不可賞也，必以爲當矣；人主之所罪，非以爲不可罰也，必以爲信①矣。智不能見是非之理，明不能察浸潤②之言，所任者不必智，所用者不必忠，故有賞賢罰暴之名，而有戮能養奸之實，此天下之大患也。

（卷五十　袁子正書）

【白話】君主無不想得到賢才並任用他們，但所任用的人中總是難免有不賢的人；君主無不想抓住奸人而鏟除他們，但被鏟除的人中總是難免有賢能的人。像這種情況出現，是因為賞罰失當、委任官員不妥造成的。君主所獎賞的，並不是明知道這個人不應該獎賞而偏要獎賞他，一定自以為獎賞得十分恰當；君主所懲罰的，並不是明知道這個人不該懲罰卻偏要懲罰他，一定是認為懲罰得恰到好處。問題在於君主的智慧不能分辨是非曲直，其賢明的程度還不能夠識別漸漸滲透的讒言，所委任的人未必眞有智慧，所用的人未必忠誠，所以雖然名義上是賞賜賢能而懲罰暴徒，實際上卻往往懲罰了賢者而姑息了奸人，這是天下的大患啊！

【註釋】①信：果眞；確實。

②浸潤：逐漸滲透。引申為積久而發生作用。

貳、臣術

一、立節

71、良將不怯死以苟免①，烈士②不毀節以求生。（卷二十五 魏志上）

【白話】良將不會因畏懼死亡而苟且偷生，有氣節壯志的人不會毀棄節操以求活命。

【註釋】①苟免：苟且免於損害。②烈士：有節氣有壯志的人。

72、子罕①曰：「我以『不貪』爲寶，爾以玉爲寶。若以與我，皆喪寶也，不若人有其寶。」（卷五 春秋左氏傳中）

【白話】子罕說：「我把『不貪』看作寶物，你把玉石看作寶物。如果你把玉石送給我，我們兩人就都喪失了寶物，倒不如各人保有自己的寶物。」

【註釋】①子罕：樂喜，子姓，樂氏，字子罕，是春秋時期宋國的卿，於宋平公時任司城，故又稱司城子罕。

73、故舊①長者②，或欲令爲開產業。震曰：「使後世稱爲清白吏子孫，以此遺之，不亦厚乎？」（卷二十三　後漢書三）

【白話】舊友和長輩中有人勸楊震爲子孫置辦一些私人財產。楊震說：「讓後世人稱他們爲清白官吏的子孫，把這個留給他們，不是很豐厚嗎？」

【註釋】①故舊：舊交、舊友。

②長者：年紀大或輩分高的人。

74、亮自表①後主曰：「成都有桑八百株，薄田②十五頃，子弟衣食自有餘饒。至於臣在外任，無別調度③，隨身衣食，悉仰於官。若死之日，不使內有餘帛、外有贏財④，以負陛下。」及卒，如其所言。（卷二十七　蜀志）

【白話】諸葛亮曾向後主上表說：「臣在成都有桑樹八百株，薄田十五頃，家中子弟的衣食，已有餘裕。至於臣在外任職，沒有徵調其他財物、賦稅作爲收入，隨身衣食都依賴朝廷供給。如果臣有一天死去，不讓家中有多餘的布帛、家外有多餘的財產，以致辜負陛下的信任。」到諸葛亮去世的時候，正像他所說的那樣。

【註釋】①自表：自上奏章。
②薄田：貧瘠的田。有時也用以謙稱自己的田地。
③調度：徵調賦稅。
④贏財：餘財。

75、州之北界有水，名曰「貪泉」。父老云：「飲此水者，使廉士變節。」隱之始踐境，先至水所，酌而飲之，因賦詩曰：「古人云此水，一歃①懷千金。試使夷齊②飲，終當不易心！」

（卷三十　晉書下）

【白話】廣州的北部有一處泉水，名叫「貪泉」。當地父老傳說：「飲了這個泉的水，清廉的官員就會改變節操而貪污。」吳隱之剛踏入廣州地界，便先到貪泉去，舀水來喝，並賦詩一首說：「古人說這裡的泉水，喝一口就會變成貪婪的小人。假如讓伯夷、叔齊這樣的廉潔之士喝下，他們絕不會改變自己的初心！」

【註釋】①歃：音shà／ㄕㄚˋ。飲。

②夷齊：伯夷和叔齊的並稱，兩人曾互相禮讓王位。武王伐紂時，伯夷與叔齊曾叩馬而諫，認爲這樣做是以暴易暴，不可取。後天下歸周，二人以爲恥，義不食周粟，於首陽山採薇而食，直至餓死。

二、盡忠

76、忠臣不私，私臣不忠，履正奉公，臣子之節。（卷二十四　後漢書四）

【白話】忠臣沒有私心，有私心的臣子則不忠，履行正道、奉公行事，是做臣子的節操。

77、君語及之，則危言①；語不及，則危行②。國有道，則順命；無道，則衡命③。（卷十二　史記下）

【白話】如果國君問到自己，就謹慎地發表自己的言論；若是國君沒詢問自己，就謹慎地做事，修養自己的德行。國君政令合乎正道時，就服從命令去做；國君政令不合乎正道時，就不受其命而隱居起來。

【註釋】①危言：猶慎言。②危行：小心地行動，慎行。③衡命：違逆命令。

78、夫殺生賞罰，治亂所由興也。人主所謂宜生，或不可生，則人臣當陳所以宜殺；人主所謂宜賞，或不應賞，則人臣當陳所以宜罰。然後治道（治道上下必有脫文）耳。（卷二十九　晉書上）

【白話】死、生、賞、罰這些處置的正確與否，和國家的安定與動亂有著密切的關係。君主說某人應該活命，倘若不可以活命，那麼做人臣的就應陳述所以該殺的原因；君主認爲某人該獎賞，倘若不該獎賞而該罰，那麼做人臣的就應陳述其所以該罰的道理。然後才談得上治國有道。

79、忠臣之事君也，言切直則不用，其身危；不切直則不可以明

道。故切直①之言，明主所欲急聞，忠臣之所以蒙②死而竭智也。（卷十七　漢書五）

【白話】忠臣事奉君主，言語懇切率直則不被信用，還會危及自己的生命；如果言語不切直，又不能夠闡明道理。所以切直的話，是英明的君主所急切希望聽到的，也是忠臣之所以冒著死罪而竭忠盡智要表達的。

【註釋】①切直：懇切率直。

②蒙：蒙受。引申爲冒著、頂著。

三、勸諫

80、臣，治煩去惑者也。是以伏死①而爭②。（卷五　春秋左氏傳中）

【白話】臣下，是爲國君整治繁亂和解除迷惑的人。因此要冒死去諫諍規勸。

【註釋】①伏死：甘願捨棄生命。

②爭：通「諍」。諍諫。

81、夫不能諫則君危，固諫則身殆。賢人君子，不忍觀上之危，而不愛①身之殆。（卷四十七　政要論）

【白話】臣子不能諫諍，君主就會有危險；堅持進諫，臣子自己就會有危險。眞正的賢人君子，不忍心看到自己的君主處於危險之中，因而不顧自身的危亡。

【註釋】①愛：吝惜、捨不得。

82、故曰：「危而不持，顚而不扶，則將焉用彼相？扶之之道，莫過於諫矣。故子從命者，不得爲孝；臣苟順者，不得爲忠。是以國之將興，貴在諫臣；家之將盛，貴在諫子。」

（卷四十七　政要論）

【白話】因此（孔子）說：「君主遇到危險而不去護持，君主就要跌倒而不去攙扶，那君主還要這樣的臣子幹什麼呢？而扶持的方法，沒有比諫諍更好的了。因此，做兒子的如果只是一味聽從父親的話，算不得是眞正的孝；做臣子的只是一味順從君主的意思，算不上是眞正的忠。因此國家將要興旺，貴在有能夠直言諫諍的大臣；家庭將要興旺，貴在有能夠勸諫父母的孩子。」

83、若託物以風喻，微生（生疑言）而不切，不切則不改。唯正諫直諫可以補缺也。

（卷四十七　政要論）

【白話】如果假借一些事物來進行委婉的勸諫，言辭隱微不顯而不能夠切中要害，不能切中要害，就很難改正錯誤。只有不畏強凌弱、直言地勸諫，才能補救君主的過失。

四、舉賢

84、國之所以不治者三：不知用賢，此其一也；雖知用賢，求不能得，此其二也；雖得賢不能盡，此其三也。（卷三十六　尸子）

【白話】國家不能得到治理有三方面的原因：不知道推舉任用賢德之人，這是其一；雖然知道任用賢人卻求不到賢人，這是其二；雖然得到賢人卻不能人盡其才，這是其三。

85、子墨子曰：「今者王公大人為政於國家者，皆欲國家之富、人民之眾、刑政之治。然而不得，是其故何也？是在王公大人為政於國家者，不能以尚賢事能為政也。是故國有賢良之士眾，則國家之治厚。故大人之務①，將在於眾賢而已。」（卷三十四　墨子）

【白話】墨子說：「現在朝廷中從政的王公大臣，都希望國家富強、人口眾多、刑律政教都井井有條。然而卻不能如此，這是什麼緣故呢？究其原因，在於現在朝廷中從政的王公大臣，不能把尊重賢才、重用有德能的人作爲執政方略。國家擁有的賢良之士愈多，那麼國家的治化就愈深厚。所以大臣們的要務，就在於使賢才愈來愈多而已。」

【註釋】①務：緊要的事情。

86、古者取士，諸侯歲貢①。孝武之世，郡舉孝廉，又有賢良文學之選。於是名臣輩出，文武並興。漢之得人，數路②而已。（卷二十三　後漢書三）

【白話】古代選取士人，要求諸侯定期向朝廷舉薦人才。漢武帝時，除各郡推舉孝廉外，另有賢良文學之士的選拔。於是名臣輩出，文治武功同時興盛。漢王朝獲得人才，主要就是通過這幾個方面。

【註釋】①歲貢：古代諸侯郡國定期向朝廷推薦人才的制度。②路：途徑，門路。

87、古之官人，君責之於上，臣舉之於下。得其人有賞，失其人有罰。安得不求賢乎？（卷三十　晉書下）

【白話】古時候任用官員，君主在上面提出（選拔的）要求，臣子在下面保舉推薦。所舉薦的人得當，就獎賞舉薦者；所舉薦的人失當，就處罰舉薦者。這樣臣子們能不去訪求賢人嗎？

88、官者無關梁，邪門啓矣；朝廷不責賢，正路塞矣。所謂責賢，使之相舉也；所謂關梁，使之相保也。賢不舉則有咎，保不信亦有罰。有罰則有司莫不悚也，以求其才焉。（卷三十　晉書下）

【白話】選任官員不嚴格把關，不正之門就會開啓；朝廷不求取賢人，入仕的正道就會阻塞。所謂求取賢人，就是讓官員遞相舉薦；所謂從嚴把關，就是讓保舉人和被薦人互相擔保。賢人得不到推薦，官員就有罪過；舉薦不實，官員也要受罰。有了處罰就會讓負責的官員有恐懼之心，因而能夠盡力求賢。

參、貴德

一、尚道

89、《象》曰：觀乎天文，以察時變；觀乎人文，以化成天下。（卷一 周易）

【白話】《彖傳》說：觀察天象，可以知曉四季的變化規律；觀察社會的人文現象，可以推行教化而實現天下大治。

90、天地以順動①，故日月不過，而四時不忒。聖人以順動，則刑罰清而民服。豫之時義大矣哉！（卷一 周易）

【白話】天地順應自然規律而動，所以日月運行不會失度，四季輪轉沒有誤差。聖人能夠順應人的天性而動，則刑罰清楚簡單，萬民服從。豫卦所蘊含的「順天而動」的義理是多麼的深遠廣大啊！

【註釋】①順動：順應事物固有的規律而運動。豫卦坤下震上，坤爲順，震爲動。

91、坤，至柔而動也剛，至靜而德方，含萬物而化光①。坤道其順乎，承天而時行。（卷一　周易）

【白話】坤卦六爻皆陰，至柔，但一有所動便顯示出剛健的特性；它的形態是至靜的，但具有方正的德性，含養萬物而德化廣大。坤道是如此的柔順，它總是順承著天道而行，隨著時節運轉不息。

【註釋】①化光：德化廣大的意思。

92、夫大人者，與天地合①其德，與日月合其明，與四時合其序，與

鬼神合其吉凶。先天而天弗違，後天而奉天時。（卷一　周易）

【白話】聖明之人，他的道德像天地一樣覆載萬物，他的聖明如同日月一樣普照萬物，他施理政事像四時一樣井然有序，他示人的吉凶禍福如同鬼神一樣奧妙無窮。他若在天時之前行事，天不違背他；若在天時之後行事，也能奉順天道運行的規律。

【註釋】①合：符合、相同。

93、子曰：「天之所助者順也，人之所助者信也。履信思乎順，是以自天佑之，吉無不利。」（卷一　周易）

【白話】孔子說：「上天所輔助的是能夠順從正道的人，人們所扶助的是篤守誠信的人。按照誠信的要求去做事，而時刻不忘記順從天地之道的人，能夠從上天得到保佑，吉祥而無不利。」

94、夫道以人之難爲易也。是故曾子曰：「父母愛之，喜而不忘；父母惡之，懼而無咎①。」然則愛與惡，其於成孝無擇②也。史鰌③曰：「君親而近之，至敬以遜④；貌⑤而疏之，敬無怨。」然則親與疏，其於成忠無擇也。孔子曰：「自娛於檃括⑥之中，直己而不直人，以善廢而不邑邑⑦，蘧伯玉⑧之行也。」然則興與廢，其於成善無擇也。屈侯附⑨曰：「賢者易知也，觀其富之所分，達之所進，窮之所不取。」然則窮與達，其於成賢無擇也。是故愛惡親疏，廢興窮達，皆可以成義。

（卷三十六　尸子）

【白話】若循著道義來做事，就能使那些別人覺得困難的事情變得容易。曾子說：「父母疼愛自己，心裡高興而不忘父母恩德；父母討厭自己，則戒慎恐懼不惹父母生氣。」既然如此，那麼不論父母喜歡還是討厭自己，對於自己成就孝心來說，沒有什麼區別。史鰌說：「君王親近自己，就禮敬而恭順；君王疏遠自己，就恭敬而無怨。」既然如此，那麼不論君王親近還是疏遠自己，對於自己成就忠誠來說，沒有什麼區別。孔夫子說：「在自我矯正中感到快樂，嚴格要求自己而不苛求別人，有才德而被廢置不用，卻能不鬱鬱寡歡，這就是賢人蘧伯玉的德行。」既然如此，那麼不論被舉用還是被棄置，對於自己養德行善來說，沒有什麼區別。屈侯附說：「是否賢德很容易辨別，只要觀察他富裕時如何分配財富，發達時舉薦什麼樣的人，窮困時如何拒絕外面的誘惑。」既然如此，那麼不論窮困與發達，對於自己成就賢德來說，沒有什麼區別。所以，無論別人對我們喜愛還是厭惡、親近或是疏遠，還是自己人生衰敗、興旺，或是窮困、發達，都可以成就自己的大義。

【註釋】

①咎：責怪，責備。

②無擇：不用挑選；沒有區別。

③史鰌：字子魚，春秋衛國大夫。一生爲國薦賢斥奸，死後猶陳屍以

諫，以其至誠感動衛靈公。

④遜：謙虛，恭順。

⑤貌：通「藐」。輕視。

⑥檃括：泛指矯正。本爲矯正竹木邪曲的工具。揉曲叫檃，音yǐn／ㄧㄣˇ，正方稱括。

⑦邑邑：憂鬱不樂貌。

⑧蘧伯玉：春秋時衛國人，是一位求進甚切並善於改過的賢大夫。蘧，音qú／ㄑㄩˊ。

⑨屈侯附：戰國人，其生平不詳。

95、君子不與人之謀①則已矣，若與人謀之，則非道無由也。故君子之謀，能必用道，而不能必見受②也；能必忠，而不能必入③也；能必信，而不能必見信也。君子非仁④者，不出之於辭，而施之於行。故非非者行是，而惡惡者行善，而道諭矣。

（卷三十一　鬻子）

【白話】君子不爲人出謀劃策則已，如果爲人謀劃，就一定會依循道義。所以君子的謀劃，一定能做到遵從道義，但不一定會被人接受；一定能做到盡忠無私，但不一定會被人採納；一定能做到誠實不欺，但不一定會被人相信。君子指正他人，不表露於言辭，而是體現於行動。所以要指出事情錯誤，就自己去把正確的做出來；厭惡惡行，就自己努力行善來予以補救和感化。這樣一來，道理自然就彰顯了。

【註釋】①之謀：《鬻子》通行本作「謀之」。

②見受：被接納，被接受。

③入：接受，採納。

④仁：《鬻子》通行本作「人」。

96、《象》曰：地中生木，升。君子以愼①德，積小以成高大。

（卷一　周易）

【白話】《象傳》說：樹木生於地中，是成長上升的象徵。君子因此遵循道德，從積累小善做起，以至成就高尚的德行。

【註釋】①慎：遵循；依順。

97、帝者貴其德也，王者尚其義也，霸者迫（迫作通）於理也。道狹然後任智，德薄然後任刑，明淺然後任察。（卷三十五 文子）

【白話】稱君主爲帝是重視其美德，稱君主爲王是崇尚其正義，稱君主爲霸則是因爲他通曉事理。道德偏狹了才憑藉智謀，恩德不厚了才憑藉刑罰，聖明不足了才憑藉苛察。（憑藉智謀、刑罰、苛察，會產生不同的弊端。）

98、天有時、地有財，能與人共之者，仁也。仁之所在，天下歸之。免人之死、解人之難、救人之患、濟人之急者，德也。德之所在，天下歸之。與人同憂同樂、同好同惡者，義也。義之

所在，天下歸之。凡人惡死而樂生，好得而歸利。能生利者，道也。道之所在，天下歸之。（卷三十一　六韜）

【白話】天有四時、地有財富，能和人民共同享用，就是仁愛。實施仁愛者，天下人就歸附他。使人民免遭死亡、解除人民的困難、救助人民的災患、接濟人民的急需，這些就是恩德。廣施恩德者，天下人就歸順他。和人民同憂同樂、同好同惡，就是義。踐行道義者，天下人就歸附他。所有的人都害怕死亡而樂於生存，喜歡得到好處和利益。能使天下人都獲得利益的，就是道。有道者，天下人就歸附他。

99、文王問太公曰：「先聖之道可得聞乎？」太公曰：「義勝欲則昌，欲勝義則亡，敬勝怠則吉，怠勝敬則滅。故義勝怠①者王，怠勝敬者亡。」（卷三十一　六韜）

【白話】文王問太公：「先世的聖人之道可以講給我聽聽嗎？」太公答：「道義

勝過私欲，國家就會昌盛；私欲勝過道義，國家就會衰亡；敬慎勝過怠慢，則諸事吉祥；怠慢勝過敬慎，則功業毀滅。所以道義勝過私欲者可以統治國家，怠慢勝過敬慎者就會滅亡。」

【註釋】①怠：據前文之意，此「怠」字疑當作「欲」，譯文按欲字翻譯。

100、道德仁義定，而天下正。（卷四十三　說苑）

【白話】道德仁義落實之後，天下便自然歸於正道。

101、有道以理①之，法雖少足以治矣；無道以臨②之，命③雖眾足以亂矣。（卷三十五　文子）

【白話】遵循道來治理天下，法規雖少，卻足以使天下太平安定；不遵循道來統治天下，命令雖然眾多，卻只能使天下混亂。

【註釋】①理：治理。

②臨：監視，監臨。引申爲統治、治理。

③命：政令。

102、天反時爲災，寒暑易節。地反物爲妖，群物失性。民反德爲亂，亂則妖災生。（卷五　春秋左氏傳中）

【白話】上天不按四時運行就會發生災害，大地違反萬物常性就會發生妖異，人民違反德義就生出禍亂，有了禍亂就會發生災害和怪異。

二、孝悌

103、夫孝敬仁義，百行之首，而立身之本也。孝敬則宗族安之，仁義則鄉黨①重之。此行成於內，名著於外者矣。

【白話】孝敬、仁義，是各種品行當中最重要的，也是爲人處世的根本。能孝敬，則家族内部就會安定；有仁義，則會受到鄉親們的尊重。這就是德行養成於自身，好的名聲就會顯揚在外了。

【註釋】①鄉黨：同鄉；鄉親。

104、夫人爲子之道，莫大於寶身①全行②，以顯父母。

（卷二十六　魏志下）

【白話】爲人子之道，沒有比愛惜自己的身體，保持良好的品行，從而讓父母因子女賢德而得到榮耀更重要的了。

【註釋】①寶身：珍惜身軀。
②全行：品行完美無缺。

105、曾子曰：「孝子之養老，樂其耳目，安其寢處，以其飲食忠養①之。父母之所愛亦愛之，父母之所敬亦敬之。」（卷七　禮記）

【白話】曾子說：「孝子奉養父母，敬備禮樂以使父母的耳目愉悅，要使父母的寢處起居安適，對於飲食各方面，都要盡心仔細地照料和侍奉。父母所鍾愛的自己也應鍾愛，父母所恭敬的自己也恭敬。」

【註釋】①忠養：指盡心誠敬奉養父母，不僅僅是照顧父母的身體而已。

106、人之事親也，不去乎父母之側，不倦乎勞辱①之事，唯父母之所言也，唯父母之所欲也。於其體之不安，則不能寢；於其飡②之不飽，則不能食。孜孜③爲此，以沒其身。（卷四十五　昌言）

【白話】人子侍奉雙親，不離開父母的身旁，不厭煩勞苦之事，恭恭敬敬聽從父母的話不違背，體恤父母的需要盡力侍奉。父母身體不安，自己就無法安睡；父母沒吃飽，自己就無法進食。勤勉不懈於此，終身不改。

【註釋】①勞辱：猶勞苦。亦指勞苦之事。
②飡：同「餐」。
③孜孜：勤勉，不懈怠。

107、禮以將其力，敬以入其忠。《詩》言：「夙興①夜寐，毋忝②爾所生。」不恥其親，君子之孝也。（卷三十五　曾子）

【白話】遵照禮儀來盡力侍奉父母，要把恭敬融入盡孝的真誠心裡。《詩經·小雅·小苑》說：「早起晚睡勤奮不懈，無愧於生養你的父母。」說的是孝子一刻也不放鬆自己，不讓父母蒙受羞恥，這是君子的孝。

【註釋】①興：起身。
②忝：音tiǎn／ㄊㄧㄢˇ。羞辱。

108、曾子曰：「若夫慈愛、恭敬、安親①、揚名，則聞命矣，敢問子從父之命，可謂孝乎？」子曰：「是何言與！是何言與！昔者，天子有爭②臣七人，雖無道，不失其天下；七人者，謂大師、大保、大傅、左輔、右弼、前疑、後丞。維持王者，使不危殆。諸侯有爭臣五人，雖無道，不失其國；大夫有爭臣三人，雖無道，不失其家；尊卑輔善，未聞其官。士有爭友，則身不離於令③名；令，善也。士卑無臣，故以賢友助己。父有爭子，則身不陷於不義。故當不義則爭之。從父之命，又焉得爲孝乎？」委曲從父命，善亦從善，惡亦從惡，而心有隱，豈得爲孝乎。

（卷九　孝經）

【白話】曾子說：「關於慈愛、恭敬、安親、揚名的道理，學生已經聽您講過了，請問爲人子的一切都聽從父母的命令，可以說是孝嗎？」孔子說：「這是什麼話！這是什麼話！在古時候，天子有七位直言諫諍之臣，即便天子無道，還不會失掉其天下；諸侯有五位直言諫諍之臣，即便諸侯無道，還不會失掉其國；卿大夫有三位直言諫諍之家臣，即便大夫無道，還不會失掉其家；士人若有直言規勸的朋友，則自己不會失掉美好的名聲；如果父母有以道義勸諫自己改過的兒女，自身就不會陷於不義。所以面對父母、領導、朋友不合道義的思想言行，應當要勸諫。一味盲從父母的號令，怎麼能夠稱爲孝呢？」

【註釋】①安親：使父母安寧；孝養父母。
②爭：音zhèng／ㄓㄥˋ。通「諍」。諍諫；規勸。
③令：善；美好。

109、夫兄弟者，左右手也。譬人將鬥而斷其右手，而曰我必勝，若是者可乎？夫棄兄弟而不親，天下其孰親之？（卷二十五　魏志上）

【白話】兄弟之間就像人的左右手。比如有人將要打鬥時，卻砍斷自己的右手，反而說我一定能取勝，像這樣可能嗎？拋棄親兄弟而不親近，天下人還有誰可以親近呢？

三、仁義

110、所謂仁者，愛人者也。愛人，父母之行也。爲民父母，故能興天下之利也。所謂義者，能辨物理①者也。物得理，故能除天下之害也。興利除害者，則賢人之業也。（卷五十　袁子正書）

【白話】所謂「仁」，就是愛人。愛人，是爲人父母的品行。能像父母一樣愛護人民，所以能興辦有利於天下百姓的事。所謂「義」，是能辨別事物的道理。做事合情合理，所以能爲天下百姓消除災害。興利除害，是賢人的事業。

【註釋】①物理：事物的道理、規律。

111、凡人所以貴於禽獸者，以有仁愛，知相敬事也。

【白話】人比禽獸可貴的地方，就是因爲有仁愛之心，知道互相尊敬對待。（卷二十一　後漢書一）

112、仁者行之宗，忠者義之主也。仁不遺舊，忠不忘君，行之高者也。（卷二十二　後漢書二）

【白話】仁厚是德行的根本，忠誠是道義的要素。仁厚的人不會遺棄疏遠故舊，忠誠的人不會忘記領導（的恩德），這是高尚的品行。

113、周家忠厚，仁及草木，故能內睦於九族，外尊事黃耇①。養老乞②言，以成其福祿焉。乞言，從求善言，可以爲政者也。（卷三　毛詩）

【白話】周室王族忠厚治國，仁愛延及草木，所以對內能使九族和睦，對外能尊敬老人。恭敬供養老人並虛心請教，所以才積累了綿長的福報。

【註釋】①黃耇：指年老的人。耇，音gǒu／ㄍㄡˇ。老年人。

②乞：祈求；請求。

114、聖人之於天下也，譬猶一堂之上也。今有滿堂飲酒者，有一人獨索然向隅而泣，則一堂之人皆不樂矣。聖人之於天下也，譬猶一堂之上也，有一人不得其所者，則孝子不敢以其物薦進①也。（卷四十三　說苑）

【白話】聖人治理天下就如同處在廳堂之上，假如滿堂的人都在飲酒，但有一個人獨自對著牆角哭泣，那麼滿堂的人都會不愉快了。聖人治理天下就好像處在廳堂之上，哪怕只有一個人還未得到適當的安置，那麼即使是身爲孝子也不敢將他的物品即刻就進獻上來。

【註釋】①薦進：進獻。薦，進獻；送上。進，進奉；奉獻。

115、咎繇曰：「帝德罔僁①。臨下以簡，御眾以寬；僁，過也。善則歸君，人臣之義也。罰弗及嗣，賞延於世；嗣亦世也。延，及也。父子罪不相及也。而及其賞，道德之政也。宥過②無大，刑故③無小；過誤所犯，雖大必宥。不忌故犯，雖小必刑也。罪疑惟輕，功疑惟重；刑疑附輕，賞疑從重，忠厚至也。與其殺弗辜，寧失不經④。」（卷二　尚書）

【白話】咎繇說：「舜帝您品德高尚，沒有過失。以簡要、不煩擾的方式對待下屬，以寬緩的方式管理人民；懲罰不株連子孫，賞賜卻延及後代；誤犯之罪再大也可以寬赦，故意犯罪再小也必定懲罰；處罰犯罪有疑慮時寧可從輕，獎賞立功有疑慮時寧可從重；與其錯殺無罪之人，寧可失之於不守常規。」

【註釋】①僁：音qiān／ㄑㄧㄢ。古同「愆」。罪過，過錯，過失。
②宥過：寬恕別人的過錯。
③刑故：處罰故意罪犯。
④經：常道。指常行的義理、準則、法制。

116、子貢問曰：「有一言①而可終身行者乎？」子曰：「其恕乎！己所不欲，勿施於人。」（卷九　論語）

【白話】子貢問孔子說：「有沒有一個字可以終身依之而行呢？」孔子說：「那就是恕字吧！自己不願接受的事，不要加在別人身上。」

【註釋】①言：此處指一個字。

117、聖人以仁義爲準繩，中繩者謂之君子，弗中者謂之小人。君子雖死亡，其名不滅；小人雖得勢，其罪不除。左手據天下之圖，而右手刎其喉，愚者不爲。身貴乎天下也，死君親之難者，視死若歸，義重於身故也。天下大利，比（比下有之仁二字）身即小；身所重也，比義即輕。此以仁義爲準繩者也。（卷三十五　文子）

【白話】聖人以仁義作爲心行的準則，符合仁義標準的人就是君子，不符合的就是小人。君子雖然去世，但他的聲名不會消失；小人雖一時得勢，但他的罪惡卻難以消除。左手掌握天下的版圖（大權），而右手自割其喉嚨，即使愚昧的人也不會這樣做，因爲生命比天下更爲寶貴。爲君王和父母的危難而犧牲的人，能視死如歸，是把「義」看得比生命還重要的緣故。擁有天下是極大的利益，但同生命相比也是渺小的；生命是極其寶貴的，但同道義相比也是輕微的。以仁義做爲準則的人就是這個樣子。

118、孔子曰：「不義而富且貴，於我如浮雲。」（卷四十八　體論）

【白話】孔子說：「用不合乎道義的手段得到的富與貴，對於我，就如同天上聚散不定的浮雲一樣，不值得花費心思去追逐。」

119、子曰：「君子無終食之間違仁。造次①必於是，顛沛②必於是。」造次，急遽也。顛沛，僵仆也。雖急遽僵仆不違仁也。

（卷九　論語）

【白話】孔子說：「君子即便是一頓飯這樣短的時間，也不會離開仁。倉促不暇之時，他的心一定在仁；危險困厄之際，他的心一定在仁。」

【註釋】①造次：倉猝；匆忙。

②顛沛：仆倒。比喻世道衰亂或人事挫折。

120、孟軻稱：「殺一無辜以取天下，仁者不爲也①。」

（卷二十五　魏志上）

【白話】孟子說：「即使殺一個無辜的人便能夠獲得天下，仁德之人也是不會做的。」

【註釋】①殺一無辜以取天下，仁者不爲也：語出《孟子・公孫丑》，「行一不義，殺一不辜，而得天下，皆不爲也。」

121、未有仁而遺其親者也，未有義而後其君者也。（卷三十七　孟子）

【白話】不會有講求仁愛，卻遺棄自己父母的人；也不會有講求道義，卻不以國君做爲優先考量的人。

122、有功離仁義者，即見疑；有罪不失仁心（不失仁心作有仁義）者，必見信。故仁義者，事之常順①也，天下之尊爵也。雖謀得計當，慮患而患解，圖國而國存，其事有離仁義者，其功必不遂矣。（卷三十五　文子）

【白話】有功勞卻喪失了仁義之心，就會被懷疑；有罪過卻沒有喪失仁義之心，一定會得到信任。所以，仁義是做任何事都要依循的常道，是天下最爲尊貴的品德。雖然計謀得當，事先考慮預防禍患而禍患也得以消除，謀劃著立國而國家也得以建立，但是如果所做的事有違背仁義的地方，其功業一定不會圓滿實現。

【註釋】①常順：指自然之性。

四、誠信

123、開至公之路，秉至平之心，執大象①而致之，亦云誠而已矣。夫任誠，天地可感，而況於人乎？（卷四十九　傅子）

【白話】開闢極其公正的進賢之路，秉持至爲平等的心，把握治國大綱而自然招感賢才，說的也就是眞誠而已。眞正有了誠意，天地都能被感動，何況人呢？

【註釋】①大象：大道，常理。

124、夫爲人上，竭至誠開信以待下，則懷信者歡然而樂進；不信者赧然而回意矣。（卷四十九　傅子）

【白話】在上位者，若竭盡至誠至信來對待在下者，則有誠信的人就會歡喜並樂於效勞；缺少誠信的人，也會羞愧而回心轉意。

125、夫信之於民，國家大寶也。仲尼曰：「自古皆有死，民非信不立。」（卷二十五　魏志上）

【白話】取信於民，是一個國家非常寶貴的財富。孔子說：「自古以來人都免不了死亡，如果失去了百姓的信任，國家便無法安立。」

126、君之任臣，如身之信手；臣之事君，亦宜如手之繫①身。安則共樂，痛則同憂。其上下協心，以治世事，不俟②命而自勤，不求容③而自親。何則？相信之忠著也。（卷四十八　典語）

【白話】領導人任用下屬，就像身體信任自己的手；下屬服務於領導人，也應當像手歸屬於身體。安適則共同歡樂，疼痛則一起憂愁。上下協同一心，治理國家事務，不須命令就自能勤奮，不爲取悅而自然親近。爲什麼會這樣呢？這是彼此信任非常深厚的表現。

【註釋】①繫：聯綴；歸屬。

②俟：音sì／ㄙˋ。等待。

③求容：取悅。

127、子張問行。子曰：「言忠信，行篤敬，雖蠻貊①之邦行矣。言不忠信，行不篤敬，雖州里②行乎哉？」行乎哉，言不可行也。子張書諸紳③。紳，大帶也。（卷九　論語）

【白話】子張問做事情怎樣才能行得通。孔子說：「一個人只要說話忠實守信，行爲厚道恭敬，即使到了邊遠的未開化的部族，也無往而不可行。假如說話不忠實守信，行爲不厚道恭敬，即使在自己的家鄉，難道就能行得通嗎？」子張把孔子的話恭恭敬敬地寫在衣帶上，以便隨身記誦，依照實行。

【註釋】①蠻貊：音mán mò／ㄇㄢˊ ㄇㄛˋ。古代稱南方和北方未開化的部族。亦泛指四方未開化的部族。

②州里：古代二千五百家爲州，二十五家爲里。本爲行政建制，後泛指鄉里或本土。

③紳：古代士大夫束於腰間，一頭下垂的大帶。

128、子曰：「人而無信，不知其可也！無信，其餘終無可也。大車無輗，小車無軏，其何以行之哉？」大車，牛車。輗，轅端橫木以縛軛者。小車，駟馬車。軏，轅端上曲鉤衡者也。（卷九　論語）

【白話】孔子說：「一個人若無信用，不知他除信以外還有哪一條不錯？正如牛拉的大車沒有了連接牛與車的木頭，馬拉的輕車沒有了鉤住馬和車的鉤子，如何使車子行走呢？」

129、信不可知，義無所立。（卷五　春秋左氏傳中）

【白話】如果信不能明顯可見，義就失去了依之而立的基礎。

五、正己

130、君子敬以直內，義以方外，敬義立而德不孤。（卷一　周易）

【白話】君子以恭敬持重來端正自己的內心，以正當適宜來規範外在的事物。能夠做到內心恭敬、處事適宜，他的德業就廣博而不孤立（眾人也會以敬、義回應他）。

131、子曰：「苟正其身，於從政乎何有？不能正其身，如正人

何？」　　（卷九　論語）

【白話】孔子說：「果眞能夠端正自己本身，從事政治何難之有？若不能正己，如何正人？」

132、天覆之，地載之，聖人治之。聖人之身猶日也，夫日圓尺，光盈①天地。聖人之身小，其所燭遠②，聖人正己，而四方治矣。　　（卷三十六　尸子）

【白話】上天覆蓋萬物，大地承載萬物，聖人治理萬物。聖人就好像太陽一樣，太陽看起來只像圓周一尺那麼大的圓，卻能光明普照天地萬物。聖人的身體雖小，卻能光照千里，恩澤遠方。聖人端正自己的思想、言行，天下就能得到治理。

【註釋】①盈：充滿。

②燭遠：光照遠方。比喻澤及遠方。

133、孔子，匹夫①之人耳，以樂道正身不懈之故，四海之內，天下之君，微②孔子之言，無所折中③。（卷十九　漢書七）

【白話】孔子，不過是個普通百姓，因爲不懈地追求聖賢之道端正自身的緣故，如今四海之內，天下的君主，如果沒有孔子的言論，就沒有辦法調和太過與不及，以使處事得當合理。

【註釋】①匹夫：古代指平民中的男子。亦泛指平民百姓。

②微：如果沒有。

③折中：取正，用爲判斷事物的準則。

134、故不仁愛則不能群，不能群則不勝物，不勝物則養不足。群而不足，爭心將作。上聖①卓然，先行敬讓博愛之德者，衆心悅而從之。從之成群，是爲君矣；歸而往之，是爲王矣。

（卷十四　漢書二）

【白話】所以不仁愛，就不能形成和睦的群體，不能形成和睦群體就無法善用外物，不能善用外物，人們生活所需就會不足。組成了群體而生活所需不足，爭鬥之心就會產生。前代的聖人高遠地率先躬行敬讓博愛之德，人民就心悅誠服地跟隨他。跟隨他的人愈來愈多，形成了群體，這個人就成了首領；遠近的人都爭著前來歸附他，這個人就成爲王者了。

【註釋】①上聖：猶前聖。指前代的帝王與聖賢。

135、修厥身，允德①協②於下，惟明后。言修其身，使信德合於群下，惟乃明君。先王子惠③困窮，民服厥命，罔有弗悅。言湯子愛困窮之人，使皆得其所，故民心服其教命，無有不欣喜也。奉先④思孝，接下思恭。以念祖德爲孝，以不驕慢爲恭也。視遠惟明，聽德⑤惟聰。言當以明視遠，以聽聽德。

（卷二　尚書）

【白話】注重自身修養，以誠信之美德諧和民眾，這才是英明的帝王。先王像愛護子女一樣愛護困苦貧窮之人，人民都順從他的命令，沒有不高興的。奉祀祖先，必心存孝敬；接近臣民，必心存謙恭。能夠看得長遠，才叫做眼明；能夠聽從有德之人的善言，才叫做耳聰。

【註釋】①允德：誠信之德。

②協：協和。

③子惠：慈愛；施以仁惠。子，待如己子，慈愛。

④奉先：祭祀祖先。

⑤聽德：謂聽用有德之言。

136、未有身治正而臣下邪者也。……未有閨門①治而天下亂者也。……未有左右正而百官枉者也。……未有功賞得於前，眾賢布於官而不治者也。……未有德厚吏良而民畔②者也。

（卷二十　漢書八）

【白話】不曾有君主自身修治中正而臣下奸邪的。……不曾有君主宮廷內修整而天下混亂的。……不曾有左右近臣正直而百官不正的。……不曾有論功行賞實行在前，眾多有才智的人安置在官位上而國家不太平的。……不曾有君主德行淳厚、官吏賢良，而百姓叛亂的。

【註釋】①閨門：宮苑、內室的門。借指宮廷、家庭。
②畔：通「叛」。違背；背離。

137、救寒莫如重裘①，止謗莫如自修，斯言信矣。

（卷二十六　魏志　下）

【白話】諺語說：要防止寒冷，沒有比穿上厚皮衣更有效的了；要止息謗言，沒有比修養自己的德行更好的了。這話真是不虛啊！

【註釋】①重裘：厚毛皮衣。重，音chóng／ㄔㄨㄥˊ。

六、度量

138、君子己善，亦樂人之善也；己能，亦樂人之能也。君子好人之爲善而弗趍①（趍作趣，音促也），惡人之爲不善而弗疾也，不先人以惡，不疑人以不信，不說②人之過，而成人之美。（卷三十五　曾子）

【白話】君子自己德行良善，也歡喜別人德行良善；自己有才能，也歡喜別人有才能。君子喜歡別人行善卻不催促逼迫，討厭別人作惡卻不嫉惡如仇，不先料想別人品行不好，不懷疑別人不守信用，不對別人的過錯感到幸災樂禍，而是成全別人的善心善行。

【註釋】①趍：音cù／ㄘㄨˋ。同「趨」。催迫；催促。

②說：後作「悅」。喜悅；高興。

139、故曰：「記人之功，忘人之過，宜爲君者也①。」人有厚德，無問其小節；人有大譽，無訾②其小故。自古及今，未有能全其行者也。

（卷四十八　體論）

【白話】所以說：「記住人的功績，忘記人的過錯，這樣的人適合當君主。」一個人如果具有淳厚的美德，就不要追究他的小節；一個人如果擁有很大的聲譽，就不要指責他的小過失。從古自今，沒有品行十全十美的人。

【註釋】①記人之功，忘人之過，宜爲君者也：語出《周書》。

②訾：音zǐ／ㄗˇ。詆毀；指責。

140、漢高祖山東之匹夫①也，起兵之日，天下英賢奔走而歸之，賢士輻湊②而樂爲之用，是以王天下，而莫之能禦。唯其以簡節寬大，受天下之物故也。

（卷五十　袁子正書）

【白話】漢高祖原是崤山以東的一個普通人，起兵之時，天下的英雄豪傑爭先恐後地歸順他，賢良之人群聚而樂於爲他所用，所以能夠統一天下，沒有人能夠抵擋他。這僅僅是因爲他簡略寬大，能包容天下各類人才（讓他們各自發揮所長）。

【註釋】①匹夫：普通人。

②輻湊：車輻會聚於轂。形容人物的聚集和稠密。

七、謙虛

141、夫自足者不足，自明者不明。日月至光至大，而有所不遍者，以其高於衆之上也。燈燭至微至小，而無不可之者，以其明之下，能照日月之所蔽也。

（卷四十七　劉廙政論）

【白話】自以爲完備的人其實並不完備，自以爲聰明的人其實並不聰明。太陽和月亮極其明亮巨大，但是也有照不到的地方，因爲它們高懸於萬物之上。燈燭的火焰極小極微弱，但沒有不能去照的東西，因爲它在下面照，所以能照到陽光、月色照不到的地方。

142、子曰：「勞而不伐，有功而不德，厚之至也！語以其功下人者也。」（卷一　周易）

【白話】孔子說：「辛勤付出而不自我誇耀，有功績而不自認爲有功，這是敦厚到了極點啊！這是說君子雖有功勳而能謙下對人。」

143、子路進曰：「敢問持滿有道乎？」子曰：「聰明叡智，守之以愚；功被①天下，守之以讓；勇力振世，守之以怯；富有四海，守之以謙。此所謂損之又損之②之道也！」（卷十　孔子家語）

【白話】子路上前問道：「請問夫子，想要保持盈滿卻不傾倒，有辦法嗎？」夫子說：「聰明睿智，而又能保持敦厚若愚的態度；功蓋天下，而又能保持禮讓不爭的態度；勇力足以震撼世界，而又能保持小心畏懼的態度；擁有四海的財富，而又能保持恭敬謙遜的態度。這就是古人所說的『損之又損之』之道啊！」

【註釋】①被：覆蓋；遍布。

②損之又損之：日益去除華僞以歸於純樸無爲。引申指盡可能謙抑損，降抑；克制。

144、蓋勞謙虛己，則附之者衆；驕慢倨傲，則去①之者多矣。附之者衆，則安之徵也；去之者多，則危之診②也。（卷五十　抱朴子）

【白話】大凡有功勞卻仍謙遜的人，歸附他的人就多；驕狂傲慢的人，背離他的人就多。歸附的人多，是平安的徵兆；背離的人多，是危險的信號。

【註釋】①去：離開。②診：症狀。

145、知其榮，守其辱，爲天下谷①。知己之有榮貴。當守之以汚濁。如是則天下歸之。如水流（流下有入字）深谷也。（卷三十四　老子）

【白話】知道自己高貴光榮之處，卻能守住謙虛卑下的態度，善盡本分，這樣，自然成爲眾望所歸，如世間百川所匯的深谷一般。

【註釋】①谷：水流匯聚的地方。

146、夫以賢而爲人下，何人不與？以貴從人曲直，何人不得？（卷三十一　六韜）

【白話】自身賢德而能謙恭待人，誰會不跟隨他呢？地位尊貴而能聽從接納他人的是非判斷，又有什麼人才不能感召到呢？

147、夫能屈以爲伸，讓以爲得，弱以爲強，鮮不遂①矣。

（卷二十六　魏志　下）

【白話】人如果能夠以屈爲伸，以讓爲得，以弱爲強，「天之道，損有餘以補不足」，只有這樣做，才合於大道，才能長久，所以就很少會有不順利的。

【註釋】①不遂：不順利。

148、自尊重之道，乃在乎以貴下賤，卑以自牧①也，非此之謂也。乃衰薄之弊俗，膏盲②之廢疾，安共爲之？可悲者也！

（卷五十　抱朴子）

【白話】自尊自重之道，就在於以尊貴的身分謙虛對待低賤的人，用謙卑來修養自己，而並非這種驕傲的態度。這種（驕傲的）做法，乃是衰敗的弊俗、是嚴重的社會弊病，怎麼能大家都做這樣的事呢？眞是可悲啊！

【註釋】①自牧：自我修養。

②膏肓：古代醫學以心尖脂肪爲膏，心臟與膈膜之間爲肓。比喻難以救藥的失誤或缺點。

149、德盛弗狎侮①。盛德必自敬，何狎易侮慢之有也。狎侮君子②，罔以盡人心；以虛受人，則人盡其心矣。狎侮小人③，罔以盡其力。以悅使民，民忘其勞，則盡力矣。（卷二　尚書）

【白話】君王德行隆盛就不會輕忽侮慢他人。輕忽侮慢官員，就沒有人替您盡心；輕忽侮慢百姓，就沒有人替您盡力。

【註釋】①狎侮：輕慢侮弄。

②君子：此處指官員。

③小人：此處指百姓。

150、能自得師者王，求聖賢而事之。謂人莫己若①者亡。自多足，人莫之益，己亡之道。好問則裕，自用②則小。問則有得，所以足也；不問專固，所以小也。（卷二　尚書）

【白話】能自己去尋求聖賢並以之爲師者可以稱王，認爲沒有人能比得上自己的人終究會滅亡。謙虛好問，才智就充足；自以爲是，見識就狹隘。

【註釋】①莫己若：以爲別人都不如自己。

②自用：自行其是，不接受別人的意見。

151、是故聰明廣智守以愚，多聞博辨①守以儉，武力勇毅守以畏，富貴廣大守以狹，德施②天下守以讓。此五者，先王所以守天下也。（卷三十五　文子）

【白話】所以聰明多智之人應以愚鈍自守，博聞善辯之人應以收斂自守，勇武剛毅之人應以畏怯自守，富貴地廣之人應以狹小自守，恩德施及天下之人應以謙讓自守。這五點，就是古代聖明君王守住天下的原因。

【註釋】①博辨：從多方面論說；雄辯。辨，通「辯」。

②德施：德澤恩施。

八、謹慎

152、人心惟危，道心惟微，惟精惟一，允執厥中。危則難安，微則難明，故戒以精一，信執其中也。無稽之言勿聽，弗詢①之謀勿庸②。無考無信驗也，不詢專獨也。終必無成，故戒勿聽用也。

（卷二　尚書）

【白話】人心（人的欲望）是危險的，道心（倫理道德）是微妙的，只有勇猛精進，住於一心，才能眞正把握中正（無過之、無不及）之道。沒有經典爲根據的話不要聽信，沒有徵求過賢明之人的謀略不要採納。

【註釋】①詢：問。②庸：用。

153、子曰：「君子居其室，出其言，善則千里之外應之，況其邇者乎？居其室，出其言，不善則千里之外違之，況其邇者乎？言出乎身加乎民，行發乎邇見乎遠。言行，君子之樞機，樞機，制動之主。樞機之發，榮辱之主也。言行，君子之所以動天地，可不慎乎？」（卷一　周易）

【白話】孔子說：「君子處在自家的庭院中，發出言論之後，如果言論是美好的，那麼千里之外都能得到回應，何況是近處呢？處在自家的庭院中，發出言論之後，如果不是美好的，那麼千里之外也會背棄它，何況近處呢？言論從他本身發出來，影響到民眾；行動發生在近處，卻顯現在遠處。言論和行動，對君子來說好比是門户的轉軸或弓箭上的機關一樣，門軸和機關的發動，關係到的是得到稱讚還是羞辱。言論和行爲，是君子能夠影響天地萬物的因素，怎能不愼重呢？」

154、

無競①維人，四方其訓之。有覺德行，四國順之。無競，競也。訓，教也。覺，直也。競，強也。人君爲政，無強於得賢人。得賢人，則天下教化於其俗。有大德行，則天下順從其政。言在上所以倡道之。敬愼威儀②，維民之則。則，法也。愼爾出話，敬爾威儀，無不柔嘉。話，善言也，謂教令也。白圭③之玷④，尚可磨也；斯言之玷，不可爲！玷，缺也。斯，此也。玉之玷缺，尚可磨鑢而平，人君政教一失，誰能反覆之也。

（卷三　毛詩）

【白話】國家的強盛在於擁有賢德之人，四方之國才都會接受其教化。君王具備了純正的德行，四方諸侯才能夠齊歸於麾下。恭敬謹愼、舉止莊重，天下百姓都會效法。依循古人的常道把教令來頒布，言行舉止務求優美合度。白玉之瑕，尚可琢磨；政令之失，再難彌補！

【註釋】①競：強盛；強勁。

②威儀：莊重的儀容舉止。

③白圭：亦作「白珪」。古代白玉製的禮器。

④玷：玉的斑點，瑕疵。

155、子曰：「君子道人以言，而禁人以行，禁，猶謹也。故言必慮其所終，而行必稽其所弊，則民謹於言，而愼於行。稽，猶考也。」（卷七　禮記）

【白話】孔子說：「君子以言語教導人們向善，以身作則防止人們作惡，所以每說一句話之前，必定先想到它的後果，每做一件事之前，必定先考慮到它可能會造成的弊端，這樣人民才會說話謹愼而行事小心。」

156、激電不能追既往之失辭①，班輪（輪作輸）②不能磨斯言之既玷。

雖不能三思而吐情談，猶可息謔調以杜禍萌也。（卷五十　抱朴子）

【白話】快速的閃電，也追不回說過的錯話；魯班這樣的能工巧匠，也磨不去不當言辭留下的污點。一個人即使不能時時做到三思而後言、說出得體的話，但是停止說戲謔嘲弄話語，以杜絕災禍的萌生，則是完全可以的。

【註釋】①失辭：亦作「失詞」，言辭失當。

②班輸：春秋魯國的巧匠公輸班。一說班指魯班，輸指公輸般，「班輸」爲兩人的合稱。

157、言而不可復者，君不言也；行而不可再者，君不行也。凡言而不可復，行而不可再者，有國者之大禁也。（卷三十二　管子）

【白話】說一次而不可再說的話，君主就不說；做一次而不可再做的事，君主就不做。凡是不可重複的話，不可再做的事，都是君主最大的禁忌。

158、天子之尊，四海之內，其義莫不爲臣。然而養三老於大學①，舉賢以自輔弼，求修正之士使直諫。故尊養三老，示孝也；立輔弼之臣者，恐驕也；置直諫之士者，恐不得聞其過也。

（卷十七　漢書五）

【白話】以天子的尊貴，在全國之內，按道理來說，沒有人不是他的臣子。然而天子還在太學（以尊敬父親之禮）奉養三老，選拔賢能之人來作爲自己的輔佐，訪求修身正行之人（讓他們）直言規諫。所以尊養三老，是顯示孝道；設立輔助之臣，是擔心自己驕縱；設置直言勸諫的官員，是擔心聽不到自己的過失。

【註釋】①養三老於大學：三老，古代設三老五更之位，天子以父兄之禮養之。大學，即太學，我國古代設於京城的最高學府。大，音tài／ㄊㄞˋ。

「太」的古字。

159、夫爲政者，輕一失而不矜①之，猶乘無轄②之車，安其少進，而不睹其頓躓之患也。夫車之患近，故無不睹焉；國之患遠，故無不忽焉。知其體者，夕惕若厲③，愼其愆④矣。

（卷四十七　劉廙政論）

【白話】治理政事的人，輕忽一個錯誤而不愼重對待，就猶如乘坐沒有車軸兩頭金屬鍵的車子，滿足於少許的前進，而看不到顚仆的禍患。車子的禍患很近，所以誰都看得到；國家的禍患很遠，所以人們就都疏忽了。了解了這種情形，就會終日朝夕戒懼，如臨危境，時刻謹愼，不敢犯絲毫錯誤。

【註釋】①矜：謹守，愼重。

②轄：音xiá／ㄒㄧㄚˊ。車軸兩頭的金屬鍵，用以擋住車輪，不使脫落。

③夕惕若厲：朝夕戒懼，如臨危境，不敢稍懈。若，如；厲，危。

④愆：過錯，罪過。

九、交友

160、方①以類聚，物以群分，吉凶生矣。方有類，物有群，則有同有異，有聚有分也。順其所同則吉，乖其所趣則凶，故吉凶生矣。（卷一　周易）

【白話】天下人各行其道而以類聚集，物各有其群而以類相分，同於善同於君子的就吉，同於惡同於小人的就凶，這樣，吉祥與凶險也就產生了。

【註釋】①方：品類。

161、孔子曰：「居而得賢友，福之次①也。」（卷四十六　中論）

【白話】孔子說：「所居之處有賢德之人為友，這是福氣之所在。」

【註釋】①次：泛指所在之處。

162、夫人雖有性質美①而心辨智②，必求賢師而事之，擇賢友而友之。得賢師而事之，則所聞者堯舜禹湯之道也；得良友而友之，則所見者忠信敬讓之行也。身日進於仁義而不自知者，靡③使然也。（卷三十八　孫卿子）

【白話】人雖然有純樸美好的稟性和清醒明白的智慧，但一定要選擇賢師學習，選擇善友而交往。得到賢師而去學習，則所見聞的都是堯舜禹湯的聖王之道；得到善友而交往，則所見聞的都是忠誠信實恭敬禮讓之善行。自身日益進步於仁義之道而自己並不覺知，這就是因為潛移默化的影響使其如此。

【註釋】①質美：純樸美善。

②辨智：明辨事理，有才智。

③靡：引申爲潛移默化，沾染。

163、人之交士也，仁愛篤恕、謙遜敬讓，忠誠發乎內，信效著乎外，流言無所受，愛憎無所偏，幽閑①攻人之短，會友述人之長。有負我者，我又加厚焉；有疑我者，我又加信焉。患難必相及，行潛德而不有，立潛功而不名。孜孜爲此，以沒其身，惡有與此人交而憎之者也？

（卷四十五　昌言）

【白話】人與人交往，要做到仁愛、寬恕、謙遜、禮讓，忠誠發自內心，信用顯揚於外，不聽信流言蜚語，愛憎沒有偏私，私下相處謹防指責別人短處，聚會多説別人長處。有負於我的人，我對他更加寬厚；懷疑我的人，我對他更加誠信。別人有禍患災難一定相幫，暗中施恩於人而不圖回報，暗中成就好事而不求人知。勤勉不懈於此，終身不改，哪有與這樣的人結交還憎惡他的呢？

【註釋】①閑：防止；限制。

十、學問

164、今人皆知礪其劍，而弗知礪其身。夫學，身之礪砥①也。（卷三十六　尸子）

【白話】今天人們都知道磨礪自己的劍，卻不知磨礪自己的身心。修學，就是對自己身心的磨礪。

【註釋】①礪砥：磨礪。本為磨刀石。粗者為礪，細者為砥。

165、君子博學，而日三省①乎己，則知②明而行無過矣。故不登高

山，不知天之高也；不臨③深谿，不知地之厚也；不聞先王④之遺言⑤，不知學問之大也。（卷三十八　孫卿子）

【白話】君子要廣泛學習聖賢教誨，而且要（效法曾子那樣）每日多次反省自己的身心行爲有無過錯，照這樣下去，就能夠成爲一個智慧明達而行爲沒有過失的人了。所以不登上高山，就不知道天有多高；不俯視深谷，就不會知道地有多厚；沒有聽聞古聖先王的教誨，就不知道聖賢學問之道的博大。

【註釋】①省：音xǐng／ㄒㄧㄥˇ。反省；檢查。
②知：同「智」。聰明；智慧。
③臨：由上看下，居高面低。
④先王：指上古賢明君王。
⑤遺言：猶古訓。

166、古之學者耕且養，三年而通一藝，存其大體①，玩②經文而已。是故用日約③少而蓄德④多，三十而五經立也。

（卷十四　漢書二）

【白話】古代的學者一面耕作勞動，一面修養自己的品德學問，三年通曉一部經，一般是掌握其中的要義，反覆體會經文罷了。所以花費的時間少而蓄養的德行卻多，到三十歲就能通達五經了。

【註釋】①大體：重要的義理。

②玩：反覆體會。

③約：少，省減，簡約。

④蓄德：修積德行。

167、君子既學之，患其不博也；既博之，患其不習①也；既習之，患其不知②也；既知之，患其不能行也；既能行之，患其不能

以讓也。君子之學，致此五者而已矣。（卷三十五　曾子）

【白話】君子學習聖賢教誨後，唯恐自己所學不淵博；所學的教誨淵博了，唯恐自己不能時時溫習；已經溫習了，唯恐自己不能夠理解；已經理解了，唯恐自己不能按照道理去落實；已經按照道理落實了，又唯恐自己做不到謙虛退讓。君子求學，若能做到這五個方面就行了。

【註釋】①習：複習。
②知：省悟。這裡指理解。

十一、有恆

168、《彖》曰：天地之道，恆久而不已也。得其所久，故不已也。日月得天而能久照，四時變化而能久成，聖人久於其道，而天下化成。言各得所恆，故皆能久長也。觀其所恆，而天地萬物之情可見矣。天地萬物之情，見於所恆也。（卷一　周易）

【白話】《彖傳》說：天地的運行規律是永恆運行，沒有停息。日月得到天的承載，而能長久照耀天下；四季往復變化，所以能永久生成萬物；聖人長久地推行其道義，所以能教化天下以成盛世。觀察其所以長久之理，天地萬物的情況便可以知道了。

169、聖人貴恆，恆者德之固也①。聖人久於其道，而天下化成②。未有不恆而可以成德，無德而可以持久者也。（卷五十　袁子正書）

【白話】聖人貴有恆，有恆方能使德行堅固。聖人長久堅持德教，天下的教化才可成功。沒有不長久堅持而可以成就德教的，也沒有無德而可以長治久安的。

【註釋】①恆者德之固也：出自《易經・繫辭傳下》。

②聖人久於其道而天下化成：出自《易經・恆卦》。

170、夫節士①不能使人敬之，而志不可奪②也；不能使人不憎之，而道不可屈也；不能令人不辱之，而榮在我也；不能令人不擯③之，而操之不可改也。（卷五十　抱朴子）

【白話】有節操的人，不能使人尊敬自己，但他的志向不會受強迫而動搖；不能使人不厭惡自己，但他的道德準繩不會被折服；不能令人不侮辱自己，但人格的尊榮永遠保存在自身；不能令人不排斥自己，但他的節操始終不變。

【註釋】①節士：有節操的人。
②奪：用強力使之動搖、改變。亦謂由於強力而動搖、改變。
③擯：音bìn／ㄅㄧㄣˋ。排斥；棄絕。

十二、處世

171、君子體仁，足以長人；嘉①會，足以合禮；利物，足以和義；貞固，足以幹事。（卷一　周易）

【白話】君子體察並踐行仁道，就足以領導眾人；妥善成就美好的聚會，就發揮禮的教化；施利於他物，就合乎道義；堅守正道，就可以辦好事務。

【註釋】①嘉：善，美好。

172、子謂子產，有君子之道四焉。子產，公孫僑也。其行己也恭，其事上也敬，其養民也惠，其使民也義。（卷九　論語）

【白話】孔子評論子產，說：「他有四種德行，皆是君子之道：他自己做人很謙恭，他事奉君主能敬其事，他用恩惠養民，他使用民眾（為公家之事服務）能得其宜。」

173、子曰：「同聲相應，同氣相求，水流濕，火就燥，雲從龍，風從虎，聖人作而萬物睹。」（卷一　周易）

【白話】孔子說：「這是比喻同樣的聲音能夠產生共鳴，同樣的氣味會相互交感，水總是流到濕地上，火總是先燒乾燥處，龍吟然後景雲就會騰升，虎嘯之處就會有谷風相隨，聖人興起，萬民都來仰望他、親近他，接受他的引導和教化。」

174、艮，君子以思不出其位。各止其所，不侵官也。（卷一　周易）

【白話】艮卦，君子體察此卦的現象，而抑制內心欲望，所思所慮不超越其身分（安守本分，尊重主事者職權）。

175、貴而下賤，則眾弗惡也；富能分貧，則窮乏之士弗惡也；智而教愚，則童蒙者不惡也。（卷八　韓詩外傳）

【白話】地位高的人能夠謙虛對待地位低的人，那麼眾人就不會厭惡他；有錢的人能經常接濟貧窮的人，那麼貧窮的人就不會厭惡他；有智慧的人能夠教導愚昧的人，那麼愚昧的人就不會厭惡他。

176、孔子曰：「以富貴而下人，何人不與？以富貴而愛人，何人不親？發言不逆，可謂知言矣。」（卷十　孔子家語）

【白話】孔子說：「身處富貴而能待人謙下，這樣的人誰不喜歡和他在一起呢？身處富貴而眞心關愛他人，又有誰不願親近他呢？說話不違背事理人情，可以說是會說話的人了。」

177、一朝之忿，忘其身以及其親，非惑與？（卷九　論語）

【白話】難忍一時之怒，便忘記了自身的安危和父母家人的禍福所繫，不是太糊塗了嗎？

178、故有理而無益於治者，君子不言；有能而無益於事者，君子弗爲。君子非樂有言，有益於治，不得不言；君子非樂有爲，有益於事，不得不爲。（卷三十七　尹文子）

【白話】自己的想法雖有道理，但對治理國家沒有益處的，君子絕對不說；自己雖有能力，但對成就事業沒有好處的，君子也絕不去做。君子並不喜歡多話，因爲對治理國家有好處，所以不得不諫言；君子並不喜歡多事，因爲對成就事業有好處，所以不得不去做。

肆、為政

一、務本

179、楚莊王①問詹何曰：「治國奈何？」詹何蓋隱者也。詹何對曰：「何明於治身，而不明於治國也。」楚王曰：「寡人得奉宗廟②社稷③，願學所以守之。」詹何對曰：「臣未嘗聞身治而國亂者也，又未嘗聞身亂而國治者也。故本在身，不敢對以末。」楚王曰：「善。」（卷三十四　列子）（本書何作臣）

【白話】楚莊王問詹何說：「請問該如何治理國家？」詹何回答說：「我只明白修身的道理，不明白治國的道理。」楚王說：「寡人得以供奉宗廟、掌管國家，希望學到保住它的方法。」詹何回答說：「我不曾聽說君主自身修養很好而國家卻混亂的，也不曾聽說君主自身修養不好而國家卻大治的，所以治國的根本在於君主自身的修養，至於別的細枝末節我就不敢跟您講了。」楚王說：「你講得很好。」

【註釋】①楚莊王：又稱荊莊王。楚穆王之子，春秋五霸之一。
②宗廟：祭祀祖宗的屋舍。
③社稷：社，土地神；稷，穀神。土地與穀物是國家的根本，古代立國必先祭社稷之神，後「社稷」成爲國家的代稱。

180、民心莫不有治道，至於用之則異矣。或用乎人，或用乎己。用乎己者，謂之務本；用乎人者，謂之追（追作近，下同）末。君子之治之也，先務其本，故德建而怨寡；小人之治之也，先追其末，故功廢而仇多。（卷四十六　中論）

【白話】每個人心裡都有治理的措施，至於怎樣使用，就各不相同了。有人用於修治他人，有人用於修治自己。用於治己，叫做務本；用於治人，叫做逐末。君子處理事情，首先是先致力於根本（治己），所以能夠建立德行、功業而很少與人結怨；小人處理事情是先追求末節（治人），所以不能建立功業且又很多怨仇。

181、爲治之本務，在於安民。安民之本，在於足用。足用之本，在於勿奪時。勿奪時之本，在於省事。省事之本，在於節欲。節欲之本，在於反性。（卷四十一　淮南子）

【白話】治理國家的根本，在於使百姓安定。安定百姓的根本，在於使百姓衣食豐足。百姓衣食豐足的根本，在於不使其失去農時。不使百姓失去農時的根本，在於減少傜役。減少傜役的根本，在於君主節制物欲。節制物欲的根本，在於返歸其清淨無欲的天性。

182、能成霸王者，必得勝者也。能勝敵者，必強者也。能強者，必

用人力者也。能用人力者，必得人心者也。能得人心者，必自得①者也。能自得①者，必柔弱者也。（卷三十五　文子）

【白話】老子說：「能成就霸業的人，一定是獲得勝利的人。能勝敵的人，一定是強者。能成爲強者的人，一定是能運用別人力量的人。能運用別人力量的人，一定是贏得人心的人。能夠贏得人心的人，一定是符合道義的人。符合道義的人，一定是心地柔和謙順的人。」

【註釋】①自得：自得其道。

183、聖王宣德流化①，必自近始。朝廷不備，難以言治；左右不正，難以化遠。（卷十九　漢書七）

【白話】聖王宣揚仁德推行教化，必然要從身邊近處開始。朝廷還不具備德義，難以談治理好天下；左右的臣子不夠端正，難以使教化遠播。

【註釋】①流化：流布教化。

184、凡爲天下治國家，必務其本也。務本莫貴於孝。人主孝，則名章榮，天下譽。（譽，樂。）人臣孝，則事君忠，處官廉，臨難死。士民孝，則耕芸疾，守戰固，不疲北。夫執一術而百喜至，百邪去，天下從者，其唯孝乎！

（卷三十九　呂氏春秋）

【白話】大凡人君統治天下、治理國家，一定要致力於根本。致力於根本，沒有比孝更重要的。君主孝敬父母，名聲就顯揚榮耀，天下就安樂。臣子孝敬父母，事奉國君就會忠誠盡責，居官就會清正廉潔，臨難就能拼死效命。士人和百姓孝敬父母，耕種便會努力，守衛作戰則能意志堅定，不會敗逃。掌握一種方法而能使百善皆至，百邪皆去，天下順從，這種方法大概只有孝道了！

185、治之本仁義也，其末，法度也。先本後末，謂之君子；先末後本，謂之小人。法之生也，以輔義。重法棄義，是貴其冠履，而忘其頭足也。（卷三十五　文子）

【白話】治國的根本是推行仁義，其次才是施行法度。以根本爲先、以枝節爲後的人，稱爲君子；以枝節爲先、以根本爲後的人，稱爲俗人。法律的產生，是爲了輔助道義的推行。如果重視法律而拋棄仁義，這如同重視帽子和鞋子，卻忘記了自己的頭和腳。

186、政以得賢爲本，理①以去穢②爲務。（卷二十三　後漢書三）

【白話】爲政以得到賢能之人爲根本，治國以去除奸邪之人爲要務。

【註釋】①理：治理，整理。

②穢：惡人，醜類。

187、有亂君，無亂國；有治人①，無治法。羿之法未亡也，而羿不世中；禹之法猶存，而夏不世王。故法不能獨立，得其人則存，失其人則亡。法者，治之端②也；君子者，法之源也。故有君子，則法雖省，足以遍矣；無君子，則法雖具，足以亂矣。故明主急得其人，而闇主急得其勢。急得其人，則身逸而國治，功大而名美；急得其勢，則身勞而國亂，功廢而名辱。

（三十八　孫卿子）

【白話】有造成國家混亂的昏君，沒有本來就混亂的國家。有能治理好國家的人才，沒有不需人治就可以使國家安定的方法。后羿的射法沒有亡失，但后羿不能讓世世代代的人都百發百中；禹王的治國之法仍然存在，但夏朝不能世世代代稱王天下。所以治國之法不能獨自存在，得到了能施行的人才能存在，失去了能施行的人就亡失了。治國之法，是治理國家的開端；君子，是治國之法的本源。所以有君子，則法令雖然簡略，也足夠治理好一切；沒有君子，即使法令非常完備，也足以使得社會混亂。所以賢明的君主急於得到能治國的君子，而昏庸的君主急於得到權勢。急於得到能治國的君子，於是自身安逸而國家大治，功業偉大而且聲名美好；急於得到權勢，就會身勞心累而國家混亂，功業毀壞而且名聲敗壞。

【註釋】①治人：指能治理國家的人才。
②端：開始。

188、君之所慎者四：一曰大位（位作德）不至仁，不可授國柄；二曰見賢不能讓，不可與尊位；三曰罰避親貴，不可使主兵；四曰不好本事，務地利，而輕賦斂，不可與都邑。此四務者，安危之本也。（卷三十二　管子）

【白話】君主所應謹慎對待的問題有四：一是標榜道德但卻做不到仁，這樣的人不可授予國家大權；二是見到賢者而不能謙讓，這樣的人不可賜予高貴的爵位；三是執行刑罰時卻避開親戚、權貴，這樣的人不可讓他統率軍隊；四是不重視農業、不注重地利，而隨意徵收賦稅，這樣的人不可讓他擔任地方長官。這四條要務是國家安危的根本。

189、食者民之本也，民者國之本也，國者君之本也。（卷四十一　淮南子）

【白話】糧食，是人民生存的根本；人民，是國家存在的根本；國家，是君主立身的根本。

190、夫君尊嚴而威，高遠而危；民者卑賤而恭，愚弱而神。惡之則國亡，愛之則國存。御民者必明此要。（卷四十八　體論）

【白話】爲君者，儘管莊重嚴肅而威懾天下，但是卻居高處遠而充滿危險；爲民者，雖然地位卑下而對人恭順，愚鈍軟弱卻有難以預測的力量。君主不尊重百姓，國家就會滅亡；君主愛護百姓，國家就會生存發展。治理民眾的人一定要明白這個道理。

191、案①今年計，子弟殺父兄，妻殺夫者，凡二百二十二人。臣愚以爲此非小變也。今左右不憂此，乃欲發兵報纖介②之忿於遠夷，殆③孔子所謂「吾恐季孫之憂，不在顓臾，而在蕭牆之內者也④」。（卷十九　漢書七）

【白話】據今年的統計，子弟殺死父兄、妻子殺死丈夫的事情，就有二百二十二人，我認爲這不是小變故啊。現在在皇帝身邊的臣子不憂慮這樣的情況，卻打算發兵報復邊遠地方微小的怨恨，這大概就是孔子所說的「我恐怕季孫氏的憂患不在顓臾，而在自己內部」的道理吧。

【註釋】①案：通「按」，依據，按照。

②纖介：細微。

③殆：大概。

④吾恐季孫之憂，不在顓臾，而在蕭牆之內：顓臾，魯附庸國。蕭牆，古代宮室內作爲屏障的矮墻。藉指內部。蕭，通「肅」。此處引用《論語·季氏》中，冉有、子路向孔子報告季氏將伐顓臾，孔子的答話。

192、

夫用天之道，分地之利，六畜生於時，百物取於野，此富國之本也……故爲政者，明督工商，勿使淫僞；困辱游業①，勿使擅利；寬假②本農，而寵遂③學士。則民富而國平矣。

（卷四十四　潛夫論）

【白話】利用自然的時節，分清土地的高下優劣（加以利用），各種牲畜的生長符合時令，萬物收穫於田野，這就是使國家富強的根本……因此執政者應明確監督工匠與商人，不要讓他們弄虛作假；限制貶低商業等流動的行業，不要讓他們獨佔利益；寬待務農之人，使博通聖賢學問之士尊貴榮顯。這樣，就會使百姓富足、國家太平了。

【註釋】①游業：流動的職業。如行商等。

②寬假：寬容；寬縱。

③寵遂：使之尊榮顯達。

二、知人

193、咎繇曰：都！亦①行有九德。言人性行有九德，以考察眞僞，則可知也。寬而栗②，性寬宏而能莊栗也。柔而立，和柔而能立事。愿③而恭，愨愿而恭恪也。亂④而敬，亂，治也。有治而能謹敬也。擾⑤而毅，擾，順也。致果爲毅也。直而溫，行正直而氣溫和也。簡⑥而廉⑦，性簡大而有廉隅也。剛而塞⑧，剛斷而實塞也。彊而義。無所屈撓，動必合義。彰厥有常⑨，吉哉。彰，明也。吉，善也。明九德之常，以擇人而官之，則政之善也。

【白話】咎繇說：「啊！人的德行有九種類型：一是秉性寬宏而不失莊敬有度；二是性格柔和而能建功立業；三是老實忠厚而又謙恭嚴肅；四是精於治事而又恭謹敬慎；五是爲人柔順而能勇敢有爲；六是言行正直而又態度溫和；七是性情平易而有操守；八是性格剛斷而篤實穩健；九是堅強不屈而所作所爲又都能夠合乎道義。表彰符合這九種道德標準的人，天下就會吉祥！」

【註釋】①亦：助詞，無義。

②栗：莊敬，嚴肅。

③愿：質樸；恭謹。

④亂：治，治理。

⑤擾：安撫，和順。

⑥簡：簡易，不苛求小節。

⑦廉：廉隅，棱角。比喻端方不苟的行爲、品性。
⑧塞：音sè／ㄙㄜˋ篤實。
⑨常：規律，通例。這裡指道德標準。

194、故論人之道：貴即觀其所舉，富即觀其所施，窮則觀其所不受，賤即觀其所不爲。視其所患難，以知其勇；動以喜樂，以觀其守；委以貨財，以觀其仁；振①以恐懼，以觀其節。如此即人情②得矣。（卷三十五　文子）

【白話】所以評價人的方法是：高貴的人要看他所推舉的是什麼人，富有的人要看他所施予的是什麼人，貧窮的人要看他不接受什麼，地位低下的人要看他不做什麼。觀察他處在困難面前的舉動，來了解他勇敢的程度；用歡樂之事觸動他，來了解他的操守；把財物交給他，來考察他的仁德；用恐懼震懾他，來了解他的氣節。這樣就可以知道他的眞實情況了。

【註釋】①振：通「震」。震懾。

②情：實情。

三、任使

195、正臣進者，治之表也；正臣陷者，亂之機①也。（卷十五　漢書三）

【白話】忠正之臣得到任用，這是治世的表現；忠正之臣遭到陷害，那就是混亂的先兆。

【註釋】①機：先兆，徵兆。

196、故夫處①天下之大道而智不窮，興天下之大業而慮不竭，統齊群言之類而口不勞，兼聽古今之辨而志不倦者，其唯用賢乎。（卷五十　袁子正書）

【白話】所以定奪天下的重大決策而智慧不會窮盡，興辦天下的大業而思想不會枯竭，統一百家之言而口舌不會勞累，兼聽古今言論而心志不會疲倦，只有使用賢才這一個辦法。

【註釋】①處：定奪；決斷。

197、古之聖王，所以潛處①重闈②之內而知萬里之情，垂拱③衽席④之上而明照八極⑤之際者，任賢之功也。（卷二十八　吳志下）

【白話】古代的聖王之所以居住在深宮之內，就知道萬里之外的事情；垂衣拱手安坐在衽席之上，而能明察八方最遠地區的情況，是因爲任用賢才的結果。

【註釋】①潛處：深居。

②重闈：重重宮門，指深宮。

③垂拱：垂衣拱手，不親理事務。多指帝王的無爲而治。

④衽席：床褥與莞簟，引申爲寢處之所。衽，音rèn／ㄖㄣˋ。臥席，指床褥。

⑤八極：八方極遠之地。

198、遭良吏，則皆懷忠信而履仁厚；遇惡吏，則皆懷奸邪而行淺薄。忠厚積則致太平，奸薄積則致危亡。（卷四十四　潛夫論）

【白話】百姓遇到好的官吏，就都會心懷忠信而品行仁厚；碰到不良官吏，就都會心懷奸邪而行爲淺薄。積累忠信仁厚就會實現天下太平，積累奸邪刻薄就會導致天下危亡。

199、賢主必自知士，故士盡力竭智，直言交爭①，而不辭其患。士爲知己者死，故盡力竭智，何患之辭也。（卷三十九　呂氏春秋）

【白話】賢主之所以成爲賢主，一定是由於能賞識和任用賢士，這樣賢者就能竭盡心力和智慧，直言相諫，也不怕招來禍患。

【註釋】①交爭：交相諫諍。

200、非獨臣有不盡忠，亦主有不能使也。百里奚愚於虞，而智於秦；豫讓苟容中行，而著節①智伯。斯則古人之明驗矣。（卷二十五　魏志上）

【白話】（治國成效不彰）不僅僅是因爲臣子不盡忠，君主不善用人也是原因之一。百里奚在虞國時顯得愚鈍，在秦國時顯得很有智慧；豫讓在中行氏手下只是苟且容身，而在智伯手下卻顯示出他的節操。這都是古人中很明顯的例證。

【註釋】①著節：彰顯其節操。

201、聖主者，舉賢以立功，不肖主舉其所與同。（卷四十一　淮南子）

【白話】聖明的君主任用賢人來建立功業，不賢的君主只任用習氣愛好與他類同的人。

202、明主任人之道專，致人之道博。任人道專，故邪不得間①。致人之道博，故下無所壅。任人之道不專，則讒說起而異心生。致人之道不博，則殊塗塞而良材屈。（卷四十九　傅子）

【白話】明智的君主，用人之道專一，招攬人才的途徑寬廣。用人之道專一，所以邪惡之徒不能離間。招攬人才的途徑寬廣，進才之路才不會被壅塞。用人之道不專一，讒言就會出現，異心就會產生。招攬人才的途徑不寬廣，則各條管道都會堵塞，而人才也會被埋沒。

【註釋】①間：音jiàn／ㄐㄧㄢˋ。挑撥離間，使人不和。

203、選舉莫取有名，名如畫地作餅，不可啖①。（卷二十六　魏志下）

【白話】選拔人才時不要只知道選取有名氣的人，名氣如同畫在地上的餅，是不能吃的。

【註釋】①啖：音dàn／ㄉㄢˋ。吃。

204、故搆①大廈者，先擇匠，然後簡材；治國家者，先擇佐②，然後定民。（卷四十九　傅子）

【白話】所以，建築大廈的人，必先選擇工匠，然後準備材料；治國的君主，須先選擇良臣，然後才能治理好百姓。

【註釋】①搆：音gòu／ㄍㄡˋ。架屋；營造。

②佐：輔佐的大臣。

205、柔遠①和邇②，莫大寧民③。寧民之務，莫重用賢。用賢之道，必存④考黜⑤。（卷二十三　後漢書三）

【白話】安撫遠方和睦近處，再沒有比使人民安定更重大的了。使人民安定的關鍵，沒有比任用賢人更重要的了。任用賢者的辦法，是一定要設立考核與罷免的制度。

【註釋】①柔遠：安撫遠人或遠方邦國。

②邇：近。

③寧民：安民，使人民安定。

④存：立；設置。

⑤考黜：按一定標準考核以確定官吏的升降。

206、治亂榮辱之端，在所信任。所信任既賢，在於堅固而不移。（卷十五　漢書三）

【白話】安定與動亂、榮譽與恥辱的發端，就在於君主所相信並任用的人。所信任的人已經是賢才了，那就要堅信他而不動搖。

207、昔之獄官，唯賢是任，故民無冤枉。升泰①之祚，實由此興。（卷二十七　吳志上）

【白話】從前主持刑獄的官員，只有賢能之人才可擔任，所以百姓沒有冤屈。安寧太平的福運，其實是由此興起的。

【註釋】①升泰：《三國志》通行本作「休泰」。升泰，太平安寧。休泰，安好、安寧。

208、耳不知清濁①之分者，不可令調音；心不知治亂之源者，不可令制法度（無度字）。（卷四十一　淮南子）

【白話】耳朵不能分辨清濁聲調的人，不可以讓他調整音律；心裡不懂治亂根源的人，不可以讓他制定法令。

【註釋】①清濁：音樂的清音與濁音。

209、是故有大略①者，不可責②以捷巧；有小智者，不可任以大功③。（卷四十一　淮南子）

【白話】有雄才大略的人，不能苛求他們敏捷和靈巧；有小小才智者，不可委任他們去做大事業。

【註釋】①大略：遠大的謀略。略，謀略、智謀。
②責：要求，期望。
③功：事情，事業。

四、至公

210、先聖王之治天下也，必先公，公則天下平。平，和。（卷三十九　呂氏春秋）

【白話】從前聖王治理天下，一定要把公正無私放在首位，處事公正無私，則天下太平安和。

211、見人有善，如己有善；見人有過，如己有過。天無私於物，地無私於物，襲①此行者，謂之天子。（卷三十六　尸子）

【白話】見到別人有善行，就像自己有善行一樣；見到別人有過錯，就如同自己有過錯一樣。天對萬物無私無求，地對萬物也無私無求，能秉承天地這種無私行爲的人，才稱之爲天子。

【註釋】①襲：繼承，沿襲。

五、綱紀

212、先王之政：一曰承天，二曰正身，三曰任賢，四曰恤民，五曰明制，六曰立業。承天惟允，正身惟恆，任賢惟固，恤民惟勤①，明制惟典②，立業惟敦，是謂政體。（卷四十六　申鑒）

【白話】古聖先王的政治：一是順應自然規律，二是自己端正自身以身作則，三是任用賢德之人，四是體察民情，五是制定合理的法律制度，六是成就國泰民安的事業。忠誠信實地遵循天道，堅持不懈地修正自己，堅定不移地任用賢明，盡心盡力地體恤民情，依照常道來制定律法，敦厚篤實地建立功業，這就是古聖先王爲政的要領。

【註釋】①勤：盡心盡力，無所吝惜。

②典：常道。

213、武王問太公曰：「吾欲以一言與身相終，再言與天地相永，三言爲諸侯雄，四言爲海內宗①，五言傳之天下無窮，可得聞乎？」太公曰：「一言與身相終者，內寬而外仁也；再言與天地相永者，是言行相副，若天地無私也；三言爲諸侯雄者，是敬賢用諫，謙下於士也；四言爲海內宗者，敬接不肖，無貧富，無貴賤，無善惡，無憎愛也；五言傳之天下無窮者，通於否泰②，順時③容養也。」（卷三十一　陰謀）

【白話】武王問太公：「我希望能有一句話使我終身銘記，第二句話能與天地長存，第三句話能使我成爲諸侯中的杰出者，第四句話能使我成爲天下的宗主，第五句話可以將天下代代相傳無有窮盡，我可以聽您講講嗎？」太公說：「第一句可以使您終身銘記的話，就是要內心寬宏，對外仁愛；第二句可以與天地共存的話，就是要言行相符，像天地那樣公正無私；第三句可以讓您成爲諸侯中傑出者的話，就是要尊敬賢者，虛心納諫，還要謙卑地禮待士人；第四句讓您可以成爲天下宗主的話，就是要恭敬謹慎地對待不肖之人，不分貧富、貴賤、善惡、愛憎；第五句可以使您將天下代代相傳無有窮盡的話，就是要通達吉凶盛衰的規律，順應時宜，包容天下，涵養萬物。」

【註釋】①宗：指宗主。

②否泰：《易》的兩個卦名。天地交，萬物通謂之「泰」；不交閉塞謂之「否」。後常以指世事的盛衰，命運的順逆。

③順時：順應時宜；適時。

214、

禮節民心，樂和民聲①，政以行之，刑以防之。禮樂刑政，四達②而不悖③，則王道④備矣。

（卷七　禮記）

【白話】用禮節制人們內心的欲望，用樂調和民眾的思想感情，用行政的力量來推行教化，用刑罰的力量防止越軌。禮、樂、刑、政這四者都得到實現而不相違背，那麼王道政治就完備了。

【註釋】①民聲：民眾的聲音。指人民的思想感情。

②達：通行。

③悖：違背，乖謬。

④王道：古聖先王以仁義治天下的政治主張。

215、仁者愛也，義者宜也，禮者所履也，智者術之原也。致利除害，兼愛無私，謂之仁；明是非，立可否，謂之義；進退有度，尊卑有分，謂之禮；擅殺生之柄，通壅塞之塗①，權輕重之數，論得失之道，使遠近情偽②必見③於上，謂之術。凡此四者，治之本。（卷十八　漢書六）

【白話】仁，就是愛人；義，就是合宜；禮，是所踐行的準則；智，是策略的本原。求利除害，兼愛無私，就叫仁；明辨是非，確定可否，就叫義；進退有法度，尊卑有區別，就叫禮；擁有生殺的大權，疏通壅塞的任賢進言之路，權衡商品流通的法則，探討事情得失的道理，使遠近眞僞的情況必能顯現於君主，就叫策略。凡此四個方面，是治國的基礎。

【註釋】①塗，通「途」，道路。

②情僞：眞假。

③見：「現」的古字，顯現，顯露。

216、禮以行義，信以守禮，刑以正邪。舍此三者，君將若之何？（卷四　春秋左氏傳上）

【白話】禮是用來推行道義的，信是用來維護禮的，刑法是用來糾正邪惡的。拋開這三者，國君將怎麼辦？

217、曾子曰：「先王之所以治天下者五：貴貴，貴德，貴老，敬長，慈幼。」（卷三十九　呂氏春秋）

【白話】曾子說：「上古賢明君王用以治理天下的方略有五個：尊重顯貴之人，崇敬有德之人，敬愛老人，尊敬長者，慈愛孩童。」

218、蓋善治者，視俗而施教，察失而立防，威德①更興，文武迭用，然後政調於時，而躁人②可定。（卷二十二　後漢書二）

【白話】善於處理政務的人，觀察風俗而施行教化，考察過失而設置預防制度，刑罰與恩惠交替使用，文德教化和武備防禦輪流施用，然後才能做到政治和時勢相適應，而不安於本分的人才可以安定。

【註釋】①威德：聲威與德行；刑罰與恩惠。

②躁人：《後漢書集解》惠棟曰：「《周易》云躁人之辭多。躁人，謂

私議國政之人也。」

219、天地之大德曰生，聖人之大寶曰位。何以守位？曰仁。何以聚人？曰財。財所以資物生也。理財正辭，禁民爲非，曰義。（卷一　周易）

【白話】天地最大的德性在生養萬物，聖人最寶貴的在於有崇高的地位。何以保全名位？要靠「仁」。何以聚集人民？用資財。理好財物，節約用度，端正辭令，出之以理，教化民眾不要爲非作歹，不讓他們作惡，這就是「義」。

220、文王問師尚父曰：「王人者何上何下，何取何去，何禁何止？」尚父曰：「上賢下不肖，取誠信，去詐僞，禁暴亂，止奢侈。」（卷三十一　六韜）

【白話】文王問老師尚父（即太公）：「爲人君者，應推崇何人，斥退何人？應選拔何人，摒棄何人？應禁止什麼，防止什麼？」尚父說：「應推崇有德才的人，斥退不肖之人；應選用誠實守信之人，摒棄巧詐虛僞之人；應禁止暴亂之事，制止奢侈之風。」

221、《詩》曰：「窈窕淑女，君子好仇①。」言能致其貞淑，不貳其操，情欲之感無介乎容儀，宴私②之意不形乎動靜，夫然後可以配至尊而爲宗廟主。此綱紀之首，王教之端也。

（卷二十　漢書八）

【白話】《詩經·周南·關雎》篇說：「溫柔嫻靜、品行端莊的淑女，才是君子的好配偶。」講的是能夠保持貞潔、端莊的品行，沒有三心二意的行爲，情欲的感觸不會在容貌儀表中顯露，親昵的私情不會在舉止言談中表現。只有這樣，才配得上擁有至尊地位的君主，才能負責祭祀宗廟。這是社會秩序和國家法紀的首要，也是聖王教化的開端。

【註釋】①仇：配偶。《詩經》原文爲「逑」，「逑」通「仇」。
②宴私：親昵，昵愛。

222、《易》稱：「男正位於外，女正位於內，男女正，天地之大義也。」（卷二十五　魏志上）

【白話】《周易》上說：「男子主其位於外（承擔家庭生計），女子主其位於內（負責相夫教子），男女各自安於自己的本分，這是天地間的大道理。」

六、教化

223、上聖不務治民事，而務治民心。故曰：「聽訟①，吾由②人也，必也使無訟乎」；「導之以德，齊③之以禮」。民親愛則無相害傷之意，動思義則無奸邪之心。夫若此者，非法律之所使也，非威刑之所強也，此乃教化之所致也。

（卷四十四　潛夫論）

【白話】古代的聖王不致力於管理民眾的事務，而致力於治理人民的內心。所以孔子說：「審理案件，我和別人是一樣的，不同的是我希望通過倫理道德的教化使訴訟不再發生」；「用道德來引導百姓，用禮義來整飭百姓」。人民彼此親愛，就不會有互相傷害的想法；行事想到道義，就不會有奸詐邪惡的念頭。像這種狀況，不是法律所支配的，也不是嚴刑所強迫的，這是教化所成就的。

【註釋】①聽訟：聽理訴訟、審案。

②由：通「猶」。如同，好像。兩段引文均出自《論語》。由，《論語》通行本作「猶」。

③齊：整飭，整治使有條理。

224、君子以情用，小人以刑用。榮辱者，賞罰之精華①也。故禮教榮辱，以加君子，治其情也；桎梏鞭朴②，以加小人，治其刑也。君子不犯辱，況於刑乎？小人不忌刑，況於辱乎？若夫中人之倫，則刑禮兼焉。教化之廢，推中人而墜於小人之域；教化之行，引中人而納於君子之塗③。是謂彰化④。

（卷四十六　申鑒）

【白話】對君子要用情理（來感召），對小人則用刑罰（來威懾）。榮譽和恥辱，是對人的最好獎懲。所以，將禮儀教化和榮譽恥辱，用在君子身上，是以情理來治理；腳鐐手銬鞭子棍棒，用在小人身上，是以懲治來管理。君子連受恥辱都不願意，何況接受刑罰呢？小人連刑罰都不懼怕，何況恥辱呢？介於君子和小人之間的中等人，則要刑罰、禮教並用。如果廢棄了倫理道德的教育，就會把中等之人推落到小人的境地；如果施行倫理道德的教化，則可以把中等之人引導上君子的道路。這就叫做「彰化」。

【註釋】①精華：事物中最精粹、最美好的部分。

②鞭朴：用作刑具的鞭子和棍棒。亦指用鞭子或棍棒抽打。朴，音pū／ㄆㄨ。通「扑」。

③塗：通「途」。

④彰化：使教化彰明。

225、得人之道，莫如利之；利之道，莫如教（教之下有以政二字）之。

（卷三十二　管子）

【白話】獲得人心的方法，沒有比給人民以利益最好的了；讓人民得到利益的方法，沒有比施行教化更好的了。

226、君子之教也，外則教之以尊其君長，內則教之以孝於其親。是故君子之事君也，必身行之，所不安於上，則不以使下；所惡於下，則不以事上。非諸人，行諸己，非教之道也。必身行之。言恕己乃行之。是故君子之教也，必由其本，順之至也，祭其是與，故曰祭者教之本也已。教由孝順生。祭而不敬，何以爲也？（卷七　禮記）

【白話】君子的教化，教導人們在外要尊敬君長，在家中要孝順父母。因此君子奉事長上，一定首先身體力行，凡是上級的做法讓自己感到不安的，就不以此對待下級；凡是下級做的讓自己憎惡的事，也不以此來奉事上級。批評別人不該做，自己卻這樣做，這不合教化的道理。因此，君子的教化必須從自身的孝行做起，最順乎情理的，大概就是祭祀吧，所以說祭祀是教化的根本。如果對祭祀產生輕慢懷疑，對故去的親人沒有心存孝敬感恩之心，何必還要去祭祀呢？

227、古之王者，莫不以教化爲大務。立大學①以教於國②，設庠序③

以化於邑，漸④民以仁，摩⑤民以義，節民以禮。故其刑罰甚輕而禁不犯者，教化行而習俗美也。（卷十七　漢書五）

【白話】古代的君王，沒有不把教化當作治國要務的。設立太學在國都推行教化，建立庠序（地方學校）在城邑鄉鎮開展教化，以仁愛惠及人民，以道義勉勵人民，以禮儀節制人民。所以，刑罰雖然很輕，但卻沒有人違犯禁令，這是因為教化施行而習俗美好的緣故。

【註釋】①大學：即太學，我國古代設於京城的最高學府。大，音tài／ㄊㄞˋ。「太」的古字。

②國：國都。

③庠序：古代的地方學校。顏師古注「庠序，教學之處也，所以養老而行禮焉。」

④漸：滋潤；潤澤。

⑤摩：砥礪；勉勵。

228、本行而不本名，責義而不責功。行莫大於孝敬，義莫大於忠信。則天下之人知所以措身矣。此教之大略也。

（卷五十　袁子正書）

【白話】根據行爲而不根據名聲，要求人合乎道義而不追求其功績。沒有比孝敬更大的德行，沒有比忠信更大的道義。這樣天下臣民就知道該怎麼做了。這是教化百姓的概要。

229、聖王修義之柄，禮之序，以治人情。（治者，去瑕穢，養精華也。）故人情者，聖王之田也。修禮以耕之，（和其剛柔。）陳義以種之，（樹以善道。）講學以耨①之，（存是去非類也。）本仁以聚之，（合其所盛。）播樂以安之。（感動使之堅固。）故治國不以禮，猶無耜②而耕也。（無以入之也。）爲禮不本於義，猶耕而不種也。（嘉穀無由生也。）爲義而不講以學，猶種而不耨也。（苗不殖，草不除。）講之以學而不合以仁，猶耨而不穫也。（無以知收之豐荒也。）合之以仁而不安以樂，猶穫而不

食也。不知味之甘苦。安之以樂而不達於順，猶食而不肥也。功不見也。（卷七　禮記）

【白話】聖王遵循義的根本、禮的秩序，來調治人心。因此人心是聖王耕種的土地。用修養禮儀來耕耘，用倡導道義來播種，用講習學問（存是去非）來除草，根據仁愛來加以收穫，用樂的教化來安定人心。因此治理國家如果不用禮，就如同沒有農具而去耕田。制定禮儀規範而不以義爲宗旨，就好比只耕田而不播下穀物的種子。推行道義而沒有人來講學以辨明是非，就好比只播種而不鋤草。只講學而不契合仁愛的存心，就好比雖然有人除草但也不會有好的收成。契合仁愛而不以樂的教化來安和人心，就如同雖有收成而沒能享用成果。用樂教來使人心安定卻不能達到和順自然的境界，就如同享受了成果而沒有得到健康。

【註釋】①耨：音nòu／ㄋㄡˋ。用耨除草。喻除穢去邪。
②耜：音sì／ㄙˋ。耒下鏟土的部件，初以木製，後以金屬製作，可拆卸

置換。一說，耒、耜爲獨立的兩種翻土農具。

230、春秋入學，坐國老①，執醬而親餽②之，所以明有孝也。行以鸞和③，鸞在衡。和在軾。步中采齊④，趍⑤中⑥肆夏⑦，樂詩也，步則歌之以中節。所以明有度也。其於禽獸，見其生，不食其死；聞其聲，不食其肉。故遠庖廚⑧，所以長恩，且明有仁也。

（卷十六　漢書四）

【白話】太子在春、秋入學時，請國老上坐，手裡捧著醬，親自奉上，這是用來教導天下人子當盡孝道。出行時在車上配以鸞鈴、和鈴，步行（慢行）時符合《采齊》的節奏，疾行時則合於《肆夏》的節奏，這是用來教導天下之人凡事都要合乎禮節法度。對於禽獸，見到牠們活著，就不忍心殺死牠們來吃；聽到牠們的叫聲，就不願意去吃牠們的肉。所以遠離廚房，爲的是增長內心的恩義，且顯明人是有仁愛之心的。

【註釋】①國老：指告老退職的卿、大夫、士。
②親饋：親自奉進食物。
③鸞和：鸞與和，古代車上的兩種鈴子。
④采齊：即采薺，古樂曲名。一說，逸詩名。
⑤趍：同「趨」。疾行。
⑥中：音zhòng／ㄓㄨㄥˋ。符合。
⑦肆夏：古樂章名。
⑧庖廚：廚房。

231、孔子曰：「聖人之治化也，必刑政相參①焉。太上以德教民，而以禮齊之。其次以政導民，以刑禁之。化之弗變，導之弗從，傷義敗俗，於是乎用刑矣。」（卷十　孔子家語）

【白話】孔子回答道：「聖賢治理教化民眾，一定是刑罰和政令相互配合使用。

最好的辦法是用道德來教化民眾，並用禮法加以約束。其次是用政令引導民眾，並用刑罰加以禁止。如果教育之後還不能改變，引導之後還不聽從，以至於違背道義而敗壞風俗，在這種情況下才用刑罰來懲處。」

【註釋】①相參：相互配合。

232、故聖王務教化而省禁防①，知其不足恃也。（卷十八　漢書六）

【白話】所以聖明的君主致力於教化而減省禁防舉措，知道憑藉禁止、防範是靠不住的。

【註釋】①禁防：謂禁止防範。

233、威辟①既用，而苟免②之行興；仁信道孚③，故感被之情著。苟免者，威隳④則奸起；感被者，人亡而思存⑤。

（卷二十四　後漢書四）

【白話】嚴酷的刑法一經施用，以不當手段求得免罪的行爲便會興起；落實仁義道德爲人信服，所以人心受到感化的效果就很顯著。以不當手段希求免罪，刑法有漏洞時，奸邪之事就會發生；人心受到感化，儘管施政者已去世，人們還將他的恩德銘記在心。

【註釋】①威辟：嚴酷的刑法。

②苟免：苟且免罪。

③孚：信服，信從。

④隟：古同「隙」。空隙；可乘之機。

⑤思存：思念，念念不忘。存，銘記在心。

234、治國，太上養化①，其次正法②。民交讓，爭處卑，財利爭受少，事力爭就勞，日化上③而遷善④，不知其所以然，治之本

也。利賞而勸善，畏刑而不敢爲非，法令正於上，百姓服於下，治之末也。（卷三十五　文子）

【白話】治理國家，最上之策是以道德來感化，其次是依據法律治理。使民眾互相謙讓，爭相處於卑下，面對財利爭相拿少的部分，面對工作爭相做勞累的事情，每天受到君王的教化，在不知不覺中逐漸向善，這是治國的根本。百姓把獎賞當作利益而勉力爲善，畏懼刑罰而不敢爲非作歹，君王的法令公正嚴明，百姓服從，這是治理國家的次要之事。

【註釋】①養化：謂致力於道德教化，轉變人心、風俗，使其歸於自然。

②正法：依法制裁、辨理。

③化上：受君主感化。

④遷善：改過向善。

235、聖王先德教，而後刑罰；立榮恥，而明防禁①；崇禮義之節，以示之；賤貨利之弊②，以變之。則下莫不慕義節（節作禮）之榮，而惡貪亂之恥。其所由致之者，化使然也。

（卷四十三　說苑）

【白話】聖王先實行德教，而後才使用刑罰；樹立榮辱的標準和觀念，並明示應當防止和禁戒的事項；崇尚禮義的節操，並給百姓做示範；輕視貨物財利，來改變人們的貪婪。那麼，臣民就沒有誰不喜歡禮義節操的光榮，而厭惡貪婪淫亂的可恥。之所以能使百姓達到這樣的原因，都是教化的結果。

【註釋】①防禁：防備禁戒。

②弊：通「幣」。財物。

236、聖人之於法也已公矣，然猶身懼其未也。故曰：「與其害善，寧其利淫①。」知刑當之難必②也，從而救之以化，此上古之

所務也。（卷四十八　體論）

【白話】聖人治法已經很公正了，可是仍然擔心尚有不公之處。所以說：「與其傷害賢善之人，寧可利於有罪之人。」他們深知量刑適當與否難以肯定，於是用道德教化來補救，這是上古時期的古聖先王所致力做的事情。

【註釋】①與其害善，寧其利淫：出自《周書·列傳第十五》。

②難必：難以肯定。

237、孔子曰：「不教而誅謂之虐①。」虐政用於下，而欲德教之被四海，故難成也。（卷十七　漢書五）

【白話】孔子說：「不先對人民進行教化，而人民犯了罪就將其誅殺，這叫做暴虐。」使用暴虐的政治對待下民，卻想使道德教化普及天下，所以很難成功。

【註釋】①虐：殘暴，凶殘。

238、聖王在位，明好憎以示人（人作之），經①誹譽以導之，親賢而進之，賤不肖而退之。無被瘡流血之患，而有高世尊顯之名，民孰不從？古者法設而不犯，刑措而不用，非可刑而不刑也，百工②維時，庶績③咸熙④，禮義修而任賢得也。（卷四十一　淮南子）

【白話】聖明的君主居於高位，闡明好惡來昭示國人，通過對善惡行為的批評、稱譽來引導人民，親近賢人並提拔他，鄙棄不賢的人並罷免他。沒有受傷流血之苦，而能夠享有崇高尊顯的名聲，百姓誰不願意學習效法呢？古代制定了法律卻無人觸犯，設置了刑罰卻不施用，不是該施刑而不用刑，是因為百官都能夠做好本職工作，各項事業都興盛成功，禮義得到修治，賢德之人得到了任用。

【註釋】①經：度量，劃分。②百工：百官。③庶績：各種事業。④熙：興盛。

239、善御民者，一①其德法，正其百官，均齊民力，和安民心。故令不再而民順從，刑不用而天下化治。是以天地德之，天地以為有德。而兆民懷之。懷，歸。不能御民者，棄其德法，專用刑辟②，譬猶御馬，棄其銜勒而專用箠策③，其不可制也必矣。（卷十　孔子家語）

【白話】善於治理百姓的君王，統一道德和禮法規範，明確百官職責，協調均衡地使用民力，和順安定民心。如此，政令不必三令五申，百姓便會順從；不用刑罰，就能教化治理好天下。其恩德可以感通天地，億萬百姓都來歸順。不會治理百姓的君王，拋棄道德和禮法，專用刑罰懲治，就好比駕馭馬匹時，拋棄嚼子和籠頭，而專用鞭子鞭打，這樣一來，馬車失控就是必然的了。

【註釋】①一：統一。
②辟：刑罰。
③箠策：趕馬的鞭杖。

240、景公問晏子曰：「明王之教民何若？」對曰：「明其教令，而先之以行；養民不苛，而防之以刑。所求於下者，不務①於上；所禁於民者，不行於身。故下從其教也。稱事以任民，中聽②以禁邪，不窮③之以勞，不害之以罰④，上以愛民爲法，下以相親爲義，是以天下不相違也。此明王之教民也。」

（卷三十三　晏子）

【白話】景公問晏子：「英明的君主是怎樣教化人的？」晏子答道：「闡明教義

和政令，且自己率先履行；養育人民不苛刻嚴厲，而用刑罰預防犯罪。要求臣民做到的，君王必須要先做到；禁止百姓做的事情，自己絕不能去做。因此，下民就會聽從其教導。估量事情的輕重來使用民力，恰當地處理訴訟來禁止邪惡；不使百姓因過度勞役而筋疲力盡，不用懲罰來傷害百姓；在上者以愛護百姓爲準則，在下者以相親相愛爲道義。這樣，天下之人就不會互相背離。這就是英明的君主教育人民的方法。」

【註釋】①不務：當作「必務」，此涉上下文諸「不」字而誤。

②中聽：指治獄得當。

③窮：盡，完。

④不害之以罰：不用刑罰害民。

241、夫聖人之修其身，所以御群臣也。御群臣也，所以化萬民也。其法輕而易守，其禮簡而易持。其求諸己也誠，其化諸人也

深。（卷四十八　體論）

【白話】聖人加強自身的修養，是爲了領導群臣。領導群臣的目的，是爲了教化百姓。聖人制定的刑法寬鬆而容易遵守，制定的禮制簡約而容易受持。聖人凡事都眞誠地要求自己，因此，對百姓的感化就很深刻。

242、故壹野不如壹市，壹市不如壹朝，壹朝不如一用，一用不如上息欲，上息欲而下反①眞矣。不息欲於上，而欲於下之安靜，此猶縱火焚林，而索原野之不彫瘁（瘁舊作廢，改之。），難矣！故明君止欲而寬下，急商而緩農，貴本而賤末，朝無蔽賢之臣，市無專利②之賈，國無擅山澤之民。（卷四十九　傅子）

【白話】所以，限定民間不如限定集市，限定集市不如限定朝廷，限定朝廷不如限定用度，限定用度不如在上者去除奢欲。在上者去除奢欲，百姓就能返璞歸眞。在上者不去除奢欲，卻想讓百姓安穩清靜，這就如同縱火焚燒森林，還想使原野不凋零枯敗，實在太難了！所以，英明的君主，遏止欲望，寬待百姓，對商業從嚴，而對農業寬鬆，重視農桑，不看重商業，朝廷中沒有蒙蔽賢能的佞臣，集市上沒有專利霸市的商人，國家沒有擅自開發山澤的人民。

【註釋】①反：同「返」。

②專利：壟斷某種生產或流通以掠取厚利。

243、古之聖王，舉孝子而勸之事親，尊賢良而勸之爲善，發憲布令①以教誨，賞罰以勸沮②。若此則亂者可使治，而危者可使安矣。（卷三十四　墨子）

【白話】古時候聖賢的君王，推崇孝子，以勸導人們侍奉雙親；尊重賢良，以勸導人們做好事；頒布法令，來教育人民；明確賞罰，來對人民進行勉勵和勸阻。照這樣做，混亂的社會可使其清明，危險的局面可使其穩定。

【註釋】①發憲布令：發號施令。
②沮：阻止，禁止。

244、教化之流，非家至而人說之也，賢者在位，能者布職，朝廷崇禮，百僚敬讓，道德之行，由內及外，自近者始，然後民知所法，遷善日進而不自知。（卷二十　漢書八）

【白話】教化的普及，並不是要挨家挨户去對每個人進行說教，只要賢德的人處在正位，有才能的人安排到適合的職位，朝廷崇尚禮節，百官互相恭敬謙讓，道德教化由內而外，從近處（朝廷內部）開始，然後百姓知道了效法的準則，不知不覺就會日漸改過向善。

245、蓋堯之爲教，先親後疏，自近及遠，周之文王亦崇厥化。（卷二十六　魏志下）

【白話】唐堯施行教化，先親後疏，由近到遠，周朝的文王也遵行這樣的教化。

246、子曰：「夫民，教之以德，齊①之以禮，則民有格心②。格，來也。教之以政，齊之以刑，則民有遯心③。遯，逃也。故君民者，子以愛之，則民親之；信以結之，則民不背；恭以涖之，則民有遜心。涖，臨也。遜，猶順也。（卷七　禮記）

【白話】孔子說：「對待人民，要用道德來教育，用禮儀來約束，人民才會有向善的心理。如果用政令來教導，用刑罰來約束，人民就會產生逃避政令和刑罰的心。所以治理人民的人，如果能夠以愛護兒女的心來愛護人民，人民就會親附他；能夠以誠信樸實來團結人民，人民就不會背叛他；能夠恭恭敬敬地深入體察民情，人民就會自然生起歸順敬服之心。」

【註釋】①齊：整飭，整治使有條理。

②格心：歸正之心。指向善的心。格，來，指至於善。

③遯心：逃避刑罰的心。遯，音dùn／ㄉㄨㄣˋ。同「遁」。逃。

七、禮樂

247、君子曰：「禮樂不可斯須①去身。致②樂以治心，樂由中出，故治心也。致禮以治躬③。禮自外作，故治身也。心中斯須不和不樂，而鄙詐之心入之矣。鄙詐入之，謂利欲生也。外貌斯須不莊不敬，而慢易④之心入之矣。易，輕易也。故樂也者動於內者也，禮也者動於外者也。樂極則和，禮極則順⑤。內和而外順，則民瞻其顏色，而不與爭也；望其容貌，而民不生易慢焉。」（卷七　禮記）

【白話】君子說：「人不可片刻離開禮樂。深入於樂，是爲了陶冶心性；深入於禮，是爲了調整身體與言行。一個人的心中如果有片刻不和順不喜樂，那貪鄙詐僞的念頭就會趁機而入。外貌如果有片刻不莊重不恭敬，那輕忽怠慢的念頭就會趁虛而入。所以樂是調理人的內心，禮是調理人外在的行爲。音樂至善能使人和暢，禮儀至善能使人恭順。內心和暢而外貌恭順，則人們望見他的外貌神情，就不會與他抗爭；看見他的儀容風度，便不會有輕視侮慢的態度。」

【註釋】

①斯須：須臾、片刻。

②致：深遠詳審。

③治躬：治身，調整身體與言行。

④慢易：輕忽怠慢。

⑤樂極則和，禮極則順：《禮記》通行本作「樂極和，禮極順」。

248、禮以導其志，樂以和其聲，政以一其行，刑以防其奸。禮樂刑政，其極一也，所以同民心而出治道。（卷七　禮記）

【白話】用禮儀引導人心，用音樂調和人情，用政令統一人們的行爲，用刑罰防止人們的邪惡。禮儀、音樂、刑罰、政令，它們的最終目標是一致的，都是要使民同心（合乎道德），而實現天下大治的理想。

249、夫禮之所興，衆之所以治也；禮之所廢，衆之所以亂也。（卷十　孔子家語）

【白話】禮樂教化興盛時，民眾就會因此而安定；禮樂教化廢棄時，民眾就會因此而動亂。

250、中國所以常制四夷者，禮義之教行也。失其所以教……則同乎禽獸矣。不唯同乎禽獸，亂將甚焉。何者？禽獸保其性然者也，人以智役力者也。智役力而無教節，是智巧日用，而相殘無極也。相殘無極，亂孰大焉？（卷四十九　傅子）

【白話】中國能制服四夷的原因，是推行了禮義之教。喪失了禮義教化……也就和禽獸相同了。不僅是與禽獸相同，甚至比禽獸更混亂無序。爲何這麼說呢？這是因爲禽獸保持自己的天性不變，人卻是用巧智駕馭體力者。以巧智駕馭體力，而沒有禮教加以節制，就會巧智日見使用，而彼此傷害無窮無盡。彼此相互傷害無窮無盡，禍亂哪有比這更大的？

251、禮之可以爲國①也久矣，與天地並。君令臣恭，父慈子孝，兄愛弟敬，夫和妻柔，姑②慈婦聽③，禮也。（卷六　春秋左氏傳下）

【白話】晏嬰回答說：「禮可以用來治理國家已經（由來）很久了，可以說是和天地並興。君王美善，臣下恭敬；父親慈祥，兒子孝順；哥哥友愛，弟弟恭順；丈夫和藹，妻子溫柔；婆婆慈祥，媳婦順從。這些都是禮的內涵。」

【註釋】①爲國：治國。

②姑：丈夫的母親，即婆婆。

③聽：聽從、順從。

252、不知禮義，不可以行法①。法能教不孝，不能使人孝；能刑盜者，不能使人廉（廉下無恥字）恥。（卷三十五　文子）

【白話】百姓不知道禮義，就不能依法辦事。法律能夠教訓不孝之人，卻不能使人有孝心；能夠懲治盜賊，卻不能使人產生廉恥。

【註釋】①行法：依法度行事。

253、民無廉恥，不可治也。非修禮義，廉恥不立。民不知禮義，法弗能正也。非崇善廢醜，不向禮義。（卷四十一　淮南子）

【白話】民眾如果沒有廉恥之心，就無法治理好。而不學習禮義，民眾的廉恥觀念就不會樹立。民眾不懂禮義，法律也無法使他們行爲端正。不推崇善舉、廢除惡習，民眾就不會嚮往禮義。

254、子曰：「禮云禮云，玉帛云乎哉？言禮非但崇此玉帛而已，所貴者乃貴其安上治民。樂云樂云，鐘鼓云乎哉？」樂之所貴者，移風易俗也，非但謂鐘鼓而已。（卷九　論語）

【白話】孔子說：「禮啊禮啊，僅是指玉帛等禮品嗎？樂啊樂啊，僅是指鐘鼓這些樂器嗎？（禮的可貴之處，在於能夠使上位者安於其位，使下位者受到教化而各得其所。樂的可貴之處，在於能改善社會風俗。）

255、曾子曰：「夫行也者，行禮之謂也。夫禮，貴者敬焉，老者孝焉，幼者慈焉，小者友焉，賤者惠焉。此禮也。」（卷三十五　曾子）

【白話】曾子說：「所謂行，就是實踐禮的意思。禮，就是對尊貴之人恭敬，對老人孝順，對小孩慈愛，對年輕人友愛，對貧賤之人施予恩惠。這些都是禮的表現。」

256、爲男女之禮，妃匹①之合，則不淫矣。爲廉恥之教，知足之分，則不盜矣。以賢制爵，令（舊令作有，改之）民德厚矣。

（卷五十　袁子正書）

【白話】制定男女間的禮法、夫妻結合的規範，就沒有淫亂之事了。施行廉恥的教化，使百姓知足盡分，就不會有盜竊的事了。以賢良爲標準授予爵位，就會使百姓道德淳厚。

【註釋】①妃匹：指婚配之事。

257、聖王之自爲動靜周旋①，奉天承親，臨朝享臣，物②有節文③，以章人倫。蓋欽翼④祗栗⑤，事天之容也；溫恭敬遜，承親之禮也；正躬嚴恪⑥，臨衆之儀也；嘉惠和說⑦，饗下之顏也。舉錯⑧動作，物遵其儀，故形⑨爲仁義，動爲法則。

（卷二十　漢書八）

【白話】聖王的言行舉止，無論奉事上天、侍奉父母、處理政事、任用臣僚，事事都合禮節制度，以彰顯人倫大道。恭敬謹慎，敬畏戰慄，是奉事上天的禮儀；溫和恭順、敬慎謙遜，是侍奉雙親的禮節；端莊自身，嚴謹恭敬，是治理百姓的威儀；和顏悅色，慈善仁惠，是對待臣下的禮儀。聖王言行舉止，事事都遵循禮儀，所以表現在外的行爲都合於仁義，一舉一動都可作爲眾人的榜樣。

【註釋】①周旋：古代行禮時進退揖讓的動作。

②物：事。

③節文：禮節、儀式。

④欽翼：恭敬謹慎。欽，尊敬，恭敬。翼，恭敬，謹肅。

⑤祇栗：亦作「祇慄」。敬慎恐懼。祇，音zhī/ㄓ。恭敬。栗，畏懼。
⑥嚴恪：莊嚴恭敬貌。
⑦和說：即「和悅」。
⑧錯：通「措」。
⑨形：表現。

258、哀有哭踊①之節，樂有歌舞之容。正人足以副②其誠，邪人足以防其失。（卷十四　漢書二）

【白話】（古禮中）悲痛時會有邊哭邊頓足的禮節，高興時會有載歌載舞的儀容。這對正直的人來說，足以與他的眞誠相符；對偏邪的人來說，足以提防他的過失。

【註釋】①哭踊：古代喪禮儀節。亦稱「擗踊」。頓足拍胸而哭，表示極大的悲哀。踴，跳。

②副：相稱，符合。

259、樂至①則無怨，禮至則不爭。揖讓而治天下者，禮樂之謂也。至，猶達行。（卷七　禮記）

【白話】樂教通行則人人心情舒暢而無怨恨，禮教通行則人人心存謙讓而無衝突。君王只要拱手揖讓之間，天下就可以無爲而治，說的就是用禮與樂來治理天下。

【註釋】①至：指通行無阻。

260、樂以治內而爲同，同於和樂也。禮以修外而爲異。尊卑爲異。同則和親，異則畏敬。和親則無怨，畏敬則不爭。（卷十四　漢書二）

【白話】音樂能用來調治人的內心，使人的情志隨著音樂一起變得安和調適；禮儀能用來修治外在行爲，使人與人之間尊卑有序。內心安和人們就會和睦親愛，尊卑有別則會使人心存敬畏。和睦親愛就不會有怨恨，心存敬畏就不會有爭鬥。

261、人君無禮，無以臨①其一（無一字）邦；大夫無禮，官吏不恭；父子無禮，其家必凶。《詩》曰：「人而無禮，胡②不遄③死。」故禮不可去也。（卷三十三　晏子）

【白話】君主如果不講禮義，就無法治理國家；大夫如果不講禮義，底下官吏就會不恭敬；父子之間不講禮義，家庭就必有災殃。《詩經》中說：「人如果不遵守禮義，不如趕快去死。」所以禮不可以去掉啊！

【註釋】①臨：治，治理。

②胡：爲什麼。

③遄：音chuán／ㄔㄨㄢˊ。迅速。

八、愛民

262、聖人常善救人，聖人所以常教人忠孝者，欲以救人性命也。故無棄人；使貴賤各得其所也。常善救物，聖人所以常教民順四時者，以救萬物之殘傷也。故無棄物。不賤石而貴玉。（卷三十四　老子）

【白話】古代的聖王在位，總是很善於（以教化）挽救人，所以沒有被拋棄不管的人；總是善於利益萬物並發揮其功效，所以沒有被廢棄的物品。

263、天下有粟①，聖人食之；天下有民，聖人收之；天下有物，聖人裁之。利天下者取天下，安天下者有天下，愛天下者久天下，仁天下者化天下。（卷三十一　六韜）

【白話】太公說：「天下的糧食，由聖人分配享用；天下的百姓，由聖人治理；

天下的萬物，由聖人裁處。爲天下謀利益者取得天下，使天下安定者擁有天下，愛護天下百姓者可以長久地統治天下，仁德普施天下者可以化育天下。」

【註釋】①粟：糧食的通稱。

264、堯以不得舜爲己憂，舜以不得禹、皋陶爲己憂。分人以財謂之惠，教人以善謂之忠，爲天下得人謂之仁。是故以天下與人易，爲天下得人難。（卷三十七 孟子）

【白話】堯帝以不能得到像舜這樣的人而最爲憂慮，舜也同樣，以不能得到像禹和皋陶這樣的人而憂心。把財物分給別人稱作惠，用好的道理教誨別人稱作忠，爲國家求得賢德之士稱作仁。所以說，把天下讓給別人容易，而爲天下找到大公無私的賢能之士就難了！

265、視民如子。見不仁者誅之，如鷹鸇之逐鳥雀也。（卷五　春秋左氏傳中）

【白話】把百姓看作子女一般。見到不仁者就懲治他，就像老鷹、鸇鳥追趕小鳥那樣。

266、古之賢君，飽而知人之飢，溫而知人之寒，逸而知人之勞。（卷三十三　晏子）

【白話】古代的賢明君主，自己吃飽時，便想到貧窮百姓的飢餓；自己穿暖時，便想到貧寒百姓的受凍；自己生活安逸時，便想到天下百姓的勞苦。

267、故古之君人者，甚憯怛①於民也。國有飢者，食不重味②；民有寒者，而冬不被③裘。歲豐穀登④，乃始懸鐘鼓陳干戚⑤，君臣上下同心而樂之，國無哀人。（卷四十一　淮南子）

【白話】古時候爲人君者，眞正爲百姓的痛苦遭遇而悲傷。國民中有挨餓的，君主吃飯時就不要第二道菜；民眾中有受凍的，君主冬天就不穿裘衣。只有年終五穀豐登、百姓富足的時候，才開始懸掛起鐘鼓，陳列起干戚，君臣官民同心歡樂，國內沒有悲哀的人。

【註釋】①憯怛：音cǎn dá／ㄘㄢˇ ㄉㄚˊ。憂傷，悲痛。憯，憂傷。怛，悲傷、愁苦。

②重味：兩種以上菜肴。

③被：後作「披」。穿著。

④登：成熟，豐收。

⑤干戚：盾與斧。古代的兩種兵器。亦爲武舞所執的舞具。

268、孟子曰：「以佚道①使②民，雖勞不怨；謂教民趣農，役有常時，不使失業，當時雖勞，後獲其利則逸矣。以生道殺民，雖死不怨殺者。」殺此罪人者，其意欲生人也，故雖伏罪而死，不怨殺者也。

（卷三十七　孟子）

【白話】孟子說：「以謀求百姓安樂的出發點使用民力，百姓縱然勞苦也不會怨恨；以保障百姓生存的出發點處死有罪的人，罪人雖被處死也不怨恨殺他的人。」

【註釋】①佚道：使百姓安樂之道。②使：役使；使喚。

269、敬賢如大賓①，愛民如赤子。內恕情之所安，而施之海內。是以囹圄空虛，天下太平。（卷十七　漢書五）

【白話】尊敬賢才就像尊敬國賓一樣，愛護百姓如同愛護嬰兒一般。自己感到心安理得的事情，才在全國實施。因此監獄空虛，天下太平。

【註釋】①大賓：泛指國賓。

270、良君養民如子，蓋之如天，容之如地。民奉其君，愛之如父母，仰之如日月，敬之如神明，畏之如雷霆。

（卷五　春秋左氏傳中）

【白話】賢良的國君養育臣民如同自己的子女，像天一樣庇護百姓，像地一樣容納百姓。百姓尊奉國君，熱愛他如同熱愛父母，敬慕他如同敬慕日月，尊重他如同尊重神靈，畏懼他如同畏懼雷霆。

271、樂民之樂者，人亦樂其樂；憂人之憂者，民亦憂其憂。樂以天下，憂以天下，然而不王者，未之有也。

（卷四十二　新序）

【白話】國君能以老百姓的快樂爲快樂，老百姓也會以你的快樂爲快樂；國君能憂老百姓所憂愁的，老百姓也會以你的憂愁爲憂愁。以天下百姓的快樂爲快樂，以天下百姓的憂愁爲憂愁，這樣還不能夠稱王天下，是從來沒有的事啊！

九、民生

272、民生①在勤，勤則不匱。（卷五　春秋左氏傳中）

【白話】民生在於勤勞，勤勞則生計不會困乏。

【註釋】①民生：民眾的生計、生活。

273、筦子①曰：「倉廩②實知禮節。」民不足而可治者，自古及今，未之嘗聞。（卷十四　漢書二）

【白話】管子說：「倉庫裡的糧食充實了，才可以教導人們懂得禮節。」人民的衣食不足而能使國家得到治理的，從古到今還沒有聽說過。

【註釋】①筦子：即管仲。筦，同「管」。

②倉廩：貯藏米穀的倉庫。

274、民貧則奸邪生。貧生於不足，不足生於不農，不農則不地著①，不地著則離鄉輕家。民如鳥獸，雖有高城深池，嚴法重刑，猶不能禁也。（卷十四　漢書二）

【白話】人民貧窮，就會有奸詐邪惡的事發生。貧窮是因爲物資不足，物資不足是因爲人們不致力於農業生產，人們不務農就不會安居在一地，不能定居一地人們就會輕易離開家鄉。（如果）百姓像鳥獸般沒有固定的衣食來源，又居無定所，即使有高大的城牆和很深的護城河，有嚴厲的法律和刑罰，仍不能禁止他們做出種種不法行爲。

【註釋】①地著：定居於一地。

275、夫治獄者得其情，則無冤死之囚；丁①壯者得盡地力，則無饑饉之民；窮老者得仰食②倉廩，則無餒餓之殍③；嫁娶以時，則男女無怨曠之恨；胎養必全，則孕者無自傷之哀；新生必復④，則孩者無不育之累⑤；壯而後役，則幼者無離家之思；二毛⑥不戎，則老者無頓伏⑦之患。醫藥以療其疾，寬繇以樂其業，威罰以抑其強，恩仁以濟其弱，賑貸⑧以贍其乏。十年之後，既笄⑨者必盈巷；二十年之後，勝兵⑩者必滿野矣。

（卷二十五　魏志上）

【白話】如果審理案件的人能獲得眞實的案情，那麼就沒有冤死的囚犯；健壯的男子能充分利用土地的潛力，那麼就沒有遭受災荒的百姓；貧窮年老的人能得到國家救濟的糧食，那麼就沒有被餓死的人；讓人們按適婚年齡進行嫁娶，那麼男女就不會有無妻無夫的怨恨；胎兒的養育都能保障，那麼孕婦就沒有自我傷感的哀歎；對有新生兒的家庭一定免除徭役，那麼嬰兒就沒有無人養育的憂患。人到健壯後再服勞役，那麼年幼的人就不會有離家的鄉思；年邁的人不再從軍當兵，那麼老年人就不會有跌倒（在行軍路上）的擔憂。用醫藥治療人民的疾病，寬減徭役使百姓安居樂業，用刑罰來抑制豪強，用恩惠、仁愛來幫助弱者，發放救濟錢糧來供給貧乏之。這樣，十年之後，成年的女子必定會充滿街巷；二十年之後，能夠當兵參戰的人必定會遍布鄉野。

【註釋】①丁：壯盛；強壯。
②仰食：依靠他人而得食。
③殍：音piǎo／ㄆㄧㄠˇ。餓死的人。
④復：謂免除徭役或賦稅。
⑤累：憂患。
⑥二毛：斑白的頭髮。常用以指老年人。
⑦頓伏：猶跌倒。
⑧賑貸：救濟。

⑨笄：音jī／ㄐㄧ。指女子十五歲成年。

⑩勝兵：指能充當兵士參加作戰的人。

十、法古

276、故爲高必因丘陵，爲下必因川澤，爲政不因先王之法，可謂智乎？言因自然，既用力少，而成功多。是以惟仁者宜在高位，不仁而在高位，是播惡於衆也。仁者能由先王之道。不仁者逆道，則播揚其惡於衆人也。

（卷三十七　孟子）

【白話】堆高就一定要憑藉本來就突起的丘陵，掘深就一定要憑藉本來就低陷的川澤，而治理政事卻不依據古代聖王之道，能算得上明智嗎？因此，只有有仁德的人才能居於高位，如果沒有仁德而又居於高位，這樣就會把他的禍害傳播到民眾身上。

277、昔帝堯，上世之所謂賢君也。堯王①天下之時，金銀珠玉弗服，錦繡文綺②弗衣③，奇怪異物弗視，玩好之器弗寶，淫佚之樂弗聽，宮垣④室屋弗崇，茅茨⑤之蓋不剪，衣履不敝盡不更爲，滋味⑥重累⑦不食，不以役作之故，留⑧耕種之時，削心約志，從事乎無爲，其自奉⑨也甚薄，役賦也甚寡。故萬民富樂而無飢寒之色，百姓戴⑩其君如日月，視其君如父母。

（卷三十一　六韜）

【白話】從前的堯帝，上古時代的人們稱他是賢君。堯帝統治天下時，不佩戴金銀珠玉，不穿著錦繡華美的衣服，不觀賞珍貴奇異的物品，不珍藏供玩賞的寶器，不聽恣縱逸樂的音樂，不修建高大的圍墻和宮室，不修剪茅草覆蓋的屋頂，衣服鞋子不破舊就不去更換，美味佳餚過多就不去食用，不因工役勞作的緣故而耽誤百姓耕種的農時，去除私心、約束欲望，致力於無爲之治。堯帝自身日常生活的供養則很微薄，徵用勞役賦税也很少，所以天下萬民富足安樂而沒有飢寒的面色。百姓尊奉他們的君主如同日月一樣，看待他們的君主如同父母一般。

【註釋】

①王：音wàng／ㄨㄤˋ。統治，稱王。

②文綺：華麗的絲織物。

③衣：音yì／ㄧˋ。穿。

④宮垣：泛指房舍或其他建築物的圍墻。特指皇宮的圍墻。垣：音yuán／ㄩㄢˊ。指墻、城墻。

⑤茅茨：茅草蓋的屋頂。亦指茅屋。茨，音cí／ㄘˊ。

⑥滋味：美味。

⑦重累：猶重疊。相同的東西層層相積。形容多。

⑧留：拖延，擱置。

⑨自奉：謂自身日常生活的供養。

⑩戴：尊奉，擁戴。

278、五德以時合散（散作教），以爲民紀，古之道也。仁義勇智信，民之本，隨時而施舍，爲民綱紀，古之所傳政道也。（卷三十三　司馬法）

【白話】將五德（此指仁、義、勇、智、信）適時地付諸教育，作爲人民行爲的準則，這是自古以來的法則。

十一、賞罰

279、賞在於成民之生，罰在於使人無罪，是以賞罰施民而天下化矣。（卷三十一　六韜）

【白話】獎賞的目的是成就人民更好的生活，刑罰的目的是使人不會犯罪。因此，賞罰用來治理百姓，天下人心就會受感化了。

280、善治民者，開其正道，因所好而賞之，則民樂其德也；塞其邪

路，因所惡而罰之，則民畏其威矣。（卷四十九　傅子）

【白話】善於治理百姓的人，開闢百姓向善的正道，順著人好善好德的天性獎賞善人，則百姓自然歡喜地感戴其恩德；杜絕百姓行惡的邪路，順著人厭惡邪惡的天性懲罰罪行，則百姓自然會畏懼其威嚴。

281、賞一人而天下知所從，罰一人而天下知所避。明開塞之路，使百姓曉然知軌疏（疏疑跡）之所由，是以賢者不憂，知者不懼，干祿者不邪。（卷五十　袁子正書）

【白話】獎賞一個人，天下人都知道以他爲榜樣而跟從；懲罰一個人，天下人都知道以他爲教訓而躲避。明確能做的和不能做的，使百姓知道應該走什麼樣的道路，所以賢人就不擔心，有才智的人就不害怕，謀求做官的人也不會走上邪路。

282、賞足榮而罰可畏，智者知榮辱之必至。是故勸善①之心生，而不軌之奸息。（卷五十　袁子正書）

【白話】賞賜足以使民眾覺得榮耀，懲罰足以讓民眾覺得畏懼。有才智的人知道榮耀和恥辱必會（伴隨著自己善或惡的行爲）到來，所以勉力爲善的心就產生了，圖謀不軌的念頭就停息了。

【註釋】①勸善：勉力爲善。

283、善賞者，費少而勸多；善罰者，刑省而奸禁。（卷三十五　文子）

【白話】善於獎賞的人，花費很少而勸勉的人多；善用懲罰的人，刑罰不多而能使奸邪得以禁止。

284、凡爵列①官職，賞慶②刑罰，皆以類相從③者也。一物失稱④，

亂之端也。德不稱位，能不稱官，賞不當功，刑不當罪，不祥莫大焉。（卷十四　漢書二）

【白話】凡是爵位、官職、賞賜和刑罰，都要按功過的等級來相應地施予。一件事做得不恰當，就是混亂的開端。德行與爵位不相符，能力與官職不相符，賞賜與功勞不相當，刑罰與罪過不相當，沒有比這樣更不吉祥的了。

【註釋】①爵列：爵位。

②賞慶：獎賞。

③以類相從：按其類別各相歸屬。

④失稱：不相當。

285、若賞一無功，則天下飾詐矣；罰一無罪，則天下懷疑矣。是以明德慎賞，而不肯輕之；明德慎罰，而不肯忽之。

【白話】如果獎賞一個無功的人，天下人就會作僞欺詐；處罰一個無罪的人，天下人就會懷有疑慮。所以賢明者愼於獎賞，不肯輕易實施；賢明者愼於處罰，而不隨意執行。

（卷四十九　傅子）

286、廢一善則衆善衰，賞一惡則衆惡多（多作歸）。善者得其祐，惡者受其誅①，則國安而衆善到矣。

（卷四十　三略）

【白話】廢除一樁善行，那麼衆多善行都會減退；獎賞一樁惡行，那麼衆多惡行就會增長。善人得到福佑，惡人受到誅罰，國家就會安定，各種善舉就會興起。

【註釋】①誅：懲罰；責罰。

287、賞不勸，謂之止善；罰不懲，謂之縱惡。

（卷四十六　申鑒）

【白話】獎賞起不到勸勉民眾的作用，這叫做「止善」；處罰起不到警戒惡行的效果，這就叫「縱惡」。

288、善爲國者，賞不僭①而刑不濫。賞僭，則懼及淫人；刑濫，則及善人。若不幸而過，寧僭無濫。（卷五　春秋左氏傳中）

【白話】善於治理國家者，賞賜不過分，刑罰不濫用。賞賜過分，就怕賞及惡人；刑罰濫用，就怕傷及好人。如果不幸賞罰過當，那麼寧可賞賜過分，也不可濫用刑罰。

【註釋】①僭：音jiàn／ㄐㄧㄢˋ。猶過分。

289、賞不遺遠①，罰不阿②近，爵不可以無功取。刑不可以勢貴免，此賢愚之所以僉③忘其身者也。（卷二十七　蜀志）

【白話】獎賞時不遺漏關係疏遠的人，懲罰時不袒護親近的人，沒有功勞的人不可以取得爵位，權勢顯貴的人也不會免掉應受的刑罰，這就是不論賢愚都能忘我爲國效勞的原因。

【註釋】①遺遠：遺棄關係疏遠者。

②阿：徇私，偏袒。

③僉：音qiān／ㄑㄧㄢ。都；皆。

十二、法律

290、德教者，人君之常任也，而刑罰爲之佐助焉。（卷四十五　昌言）

【白話】道德教化，是人君治國的常道，而刑罰只是德教的輔助。

291、法令者治之具，而非制治①清濁之源也。（卷十二　史記下）

【白話】法令是治理天下的一種工具，而不是導致政治清明或污濁的根源。

【註釋】①制治：猶統治。

292、古者明其仁義之誓，使民不踰。不教而殺，是虐民也。與其刑不可踰，不若義之不可踰也。聞禮義行而刑罰中①，未聞刑罰任（任作行）而孝悌興也。高牆狹基，不可立也；嚴刑峻法，不可久也。（卷四十二　鹽鐵論）

【白話】古時候（賢明君王）宣明以仁義修身的誓約，使百姓不逾越禮義。如果不先進行教育，等到百姓犯罪就加以殺戮，這是殘害百姓。與其制定刑法使百姓不敢觸犯，不如提倡禮義使百姓恥於違反。只聽說推行禮義，刑罰就能運用得恰當；沒有聽說過施行刑罰，孝悌之風就能興盛起來的。圍牆高大，地基狹窄，是不能立得住的；用嚴厲的刑法治理國家，是不能長久的。

【註釋】①中：音zhòng／ㄓㄨㄥˋ。得當。

293、君不法天地，而隨世俗之所善①以爲法，故令出必亂。亂則復更爲法，是以法令數變，則群邪成俗，而君沉於世，是以國不免危亡矣。（卷三十一　六韜）

【白話】如果君主不效法自然常道，而附和世俗的喜好來制定法令，那麼這樣的法令一旦頒布，必定會引起混亂。出現混亂後再更改法令，所以導致法令被屢次修改，這就使得奸邪的風氣流行起來，而君主沉溺於世俗之中，因此國家就免不了危亡了。

【註釋】①善：喜好。

294、善爲治者，綱舉而網疏。綱舉則所羅者廣，網疏則小罪必漏。所羅者廣，則大罪不縱，則甚泰①必刑。微過必漏，則爲政不苛；甚泰必刑，然後犯治②必塞。此爲治之要也。（卷三十　晉書下）

【白話】善於治理國家的人，會抓住總綱而讓法網稀疏。能夠抓住總綱，那麼它的涉及面就很廣；法網稀疏，則小過失就得以忽略。涉及面廣，則大罪不會縱容，大過必會懲罰。小過失得到忽略，那麼爲政就不會苛刻。大罪一定懲處，則在治世違法亂紀的行爲就會被遏制。這就是治理國家的關鍵。

【註釋】①甚泰：過分。泰，同「太」。
②犯治：犯法於治世。

295、一令逆者，則百令失；君令一逆，民不從，故百令皆廢也。一惡施者，則百惡結。

一惡得施，則百惡結而相從也。（卷四十　三略）

【白話】一項政令違逆人心，所有的政令就都會失去作用；一件壞事施行了，上百件壞事就會接連發生。

296、道徑衆，民不知所由也；法令衆，人不知所避也。故王者之制法也，昭乎如日月，故民不迷；曠乎若大路，故民不惑。幽隱遠方，折乎知之；愚婦童①婦，咸知所避。是故法令不犯，而獄犴②不用也。（卷四十二　鹽鐵論）

【白話】道路多了，人們就不知道該走哪一條；法令多了，百姓就不知道怎樣避免觸犯法禁。因此，聖明的君主制定法律，如同日月一樣昭明，所以百姓不會迷惘；如同大路一樣寬廣，所以百姓不會疑惑。連偏僻遙遠之地的人，也能清楚了解法令；愚昧無知的婦女，也都知道怎樣避免犯法。因此法律和政令沒人違犯，監獄也不需要使用。

【註釋】①童：愚昧；淺陋。
②獄犴：牢獄。犴，音àn／ㄢˋ。古指鄉亭牢獄。

十三、征伐

297、夫文，止戈爲武。文，字也。武王克商，作《頌》曰：「載①戢②干戈，載櫜③弓矢。」戢，藏也。櫜，韜也。詩美武王能滅暴亂而息兵也。夫武禁暴，戢兵，保大，定功，安民，和衆，豐財者也，此武七德也。故使子孫無忘其章④。著之篇章，使子孫不忘也。（卷五　春秋左氏傳中）

【白話】從文字構造看，止戈二字合起來就是「武」字。周武王戰勝商紂以後，周人《周頌》說：「把干戈收藏起來，把弓矢裝進袋子裡。」所謂武，是用來禁止暴亂、止息戰爭、保持太平、建立功業、安定百姓、和睦萬邦、豐富資財的，所以要使子孫後代不要忘記這些內容。

【註釋】①載：語氣助詞。用在句首或句中，起加強語氣的作用。
②戢：音jí／ㄐㄧˊ。收藏兵器。
③櫜：音gāo／ㄍㄠ。納弓於弓袋。
④章：詩歌或樂曲的段落。

298、是故百戰百勝，非善之善者也；不戰而屈人之兵，善之善者也。未戰而敵自屈服也。（卷三十三　孫子兵法）

【白話】因此，百戰百勝，稱不上是最高明的；不交戰而使敵兵降服，才是高明中最高明的。

299、仁人之兵，所存者神，所過者化①。若時雨②之降，莫不悅喜。故近者親其善，遠者慕其德，兵不血刃③，遠邇④來服。德盛於此，施及四極⑤。（卷三十八　孫卿子）

【白話】仁人之兵，所駐紮的地方，能得到安定和平；所行經的地方，人們無不從化。就像應時的雨水降臨，無不歡欣喜悅。所以近者敬愛他們的美善，遠方仰慕他們的道德，不必交戰就能勝利，遠近都來歸服。道德昌盛如此，就會恩澤廣施至四方極遠之地。

【註釋】①化：從化；歸化；歸順。

②時雨：應時的雨水。

③兵不血刃：兵器上沒有沾血，謂戰事順利，未經交鋒或激戰而取得勝利。

④遠邇：猶遠近。

⑤四極：四方極遠之地。

300、聖王之用兵也，非好樂之，將以誅暴討亂。夫以義而誅不義，若決江河而溉熒火，臨不測而擠欲墜，其克之必也。

（卷四十　三略）

【白話】聖明的君主用兵，不是自己喜好用兵，而是用以誅滅凶暴、討伐叛亂。以正義來討伐不義，就像決開江河去澆滅如螢蟲之火，就像在深淵的邊緣去推擠將要墜落之物，其勝利是必然的。

301、國雖大，好戰必亡；天下雖平，忘戰必危。

（卷十八　漢書六）

【白話】國家雖大，好戰必亡；天下即使太平，忘戰必然危殆。

302、「軍旅之後，必有凶年」，言民以其愁苦之氣，傷陰陽之和也。出兵雖勝，猶有後憂，恐災害之變，因此以生。

（卷十九　漢書七）

【白話】「大的軍事行動之後，必定會有災荒之年」，說的就是戰爭給百姓帶來的愁苦之氣，會傷害天地陰陽的和諧。出兵即使取勝，仍然會有戰後的憂患，恐怕災害異變，會因此而發生。

伍、敬慎

一、微漸

303、古者衣服車馬，貴賤有章，以褒有德而別尊卑。今上下僭差①，人人自制，是故貪財趨②利，不畏死亡。周之所以能致治③，刑措④而不用者，以其禁邪於冥冥，絕惡於未萌也。

（卷十九　漢書七）

【白話】古代衣服車馬貴賤有規章，用來褒揚有德之人而使尊卑有所區別。而今上下之間有超越本分的錯失，人人自行制訂而無節度，於是人們貪財謀利，不惜冒生命危險。周朝之所以能達到天下大治，刑罰擱置不用，其原因就是在歪風未顯露時就將其制止，在罪惡未萌生時就將其杜絕。

【註釋】①僭差：僭越失度。僭，音jiàn／ㄐㄧㄢˋ。超越本分，冒用在上者的職權、名義行事。

②趍：音qū／ㄑㄩ。同「趨」。追求；追逐。

③致治：使國家在政治上安定清平。

④刑措：亦作「刑錯」或「刑厝」，置刑法而不用。措，擱置。

304、且夫閉情①無欲者上也，咈心②消除者次之。昔帝舜藏黃金於嶄巖③之山，抵珠玉於深川之底。及儀狄④獻旨酒⑤，而禹甘之，於是疏遠儀狄，純（純當作絕）上旨酒。此能閉情於無欲者也。（卷四十七　政要論）

【白話】人能夠做到閉情無欲可以算是上等人了，刻意違背心意消除欲求的人就要差一等了。過去舜帝讓黃金埋藏在險峻的高山之上，將珠玉棄置在深川的谷底。儀狄進獻美酒給大禹，大禹品嘗後覺得非常甘甜，於是疏遠儀狄，杜絕人們進獻美酒。這就是能夠自我節制而達到無欲的例子。

【註釋】①閉情：閉絕欲望。

②咈心：違背心意。咈，音fú／ㄈㄨˊ。違背；違逆。

③嶄巖：高峻的山崖。元和本作「漸巖」。嶄、漸此處讀音均爲chán／ㄔㄢˊ。漸，通「巉」，或作「嶄」。

④儀狄：傳說爲夏禹時善釀酒者。

⑤旨酒：美酒。

305、抱朴子曰：「三辰①蔽於天，則清景②闇於地；根荄③蹶④於此，則柯條⑤瘁於彼。道失於近，則禍及於遠；政繆於上，而民困於下。」（卷五十　抱朴子）

【白話】抱朴子說：「日、月、星被天上雲霧遮住了，地上的光明就會暗淡；植物的根部這裡竭盡，枝條那裡就會乾枯。正道廢失於近，則禍患及於深遠；政治乖錯於上，則百姓窮困於下。」

【註釋】①三辰：指日、月、星。

②清景：猶清光。

③茇：音bá／ㄅㄚˊ。草木的根。

④蹶：音jué／ㄐㄩㄝˊ。竭盡。

⑤柯條：枝條。

二、風俗

306、俗之傷破人倫①，劇於寇賊之來，不能經（舊無經字，補之）久，其所損壞一時而已。（卷五十 抱朴子）

【白話】世俗習慣對人倫的破壞，比外敵、強盜的入侵還要厲害，外敵的入侵不能持久，他們的損害只是一時而已。

【註釋】①人倫：本於人的天性、符合倫理道德的正常的人際關係，大致爲君臣、父子、夫婦、兄弟、朋友五種，故稱「五倫」。

307、親親①以睦，友賢不棄，不遺故舊，則民德歸厚矣。（卷三　毛詩）

【白話】君主關愛親人來保持和睦，友愛賢者而不離棄，不忘故舊，那麼百姓的品德就會回歸於淳厚了。

【註釋】①親親：愛自己的親人。

308、使天下皆背道而趨利，則人主之所最病①者。（卷二十五　魏志上）

【白話】假使天下的人都違背道義去追逐利益，那便是君主所最爲擔憂的事了。

【註釋】①病：憂慮。

309、若夫商①、韓②、孫③、吳④，知人性之貪得樂進，而不知兼濟其善，於是束之以法，要之以功，使下（使下作使天下）唯力是恃，唯爭是務。恃力務爭，至有探湯赴火而忘其身者，好利之心獨用⑤也。人懷好利之心，則善端⑥沒矣。（卷四十九　傅子）

【白話】至於商鞅、韓非、孫子、吳起，知道人有貪求財物、樂於提高地位的一面，而不知同時助長其善的一面，因此，用刑法約束，用功名鼓勵，使天下人只依靠強力，只致力於爭奪。依仗強力、務求爭奪，以至於有人赴湯蹈火而忘記死活，都是爭利之心所驅使的。人人都抱著求利之心，人善良的一面就喪失了。

【註釋】①商：商鞅。姓公孫，名鞅，戰國時衛人。少好刑名法術之學，後入秦爲相，受封於商。用法嚴苛，樹敵衆多，後被車裂而死。或稱爲「衛鞅」。

②韓：韓非。戰國時韓國的諸公子之一，法家思想的集大成者。後爲李

斯所譖，下獄而死。

③孫：孫武。齊人，春秋時兵法家。所著《孫子兵法》被譽為「兵學聖典」。

④吴：吴起。戰國時衛人。政治家、軍事家。因招怨貴戚大臣，後被射死。著有《吴子》。

⑤獨用：單獨行世，單獨使用。

⑥善端：善言善行的端始。

三、治亂

310、君之所審者三：一曰德不當①其位，二曰功不當其祿，三曰能不當其官。此三本者，治亂之原②也。（卷三十二　管子）

【白話】君主所應注意的問題有三個：一是臣子的德行與他的爵位不相稱，二是臣子的功勞與他的俸祿不相稱，三是臣子的能力與他的官職不相稱。這三個根本問題是國家安定與動亂的根源。

【註釋】①當：音dāng／ㄉㄤ。對等，相當。②原：本原，根本。今字作「源」。

311、夫世之治亂、國之安危，非由他也。俊乂①在官，則治道清；奸佞干政，則禍亂作。故王者任人，不可不慎也。

（卷四十八　典語）

【白話】天下的治亂、國家的安危，不是由於其他什麼原因。賢能之人做官，國家就會治理得安定太平；奸詐諂媚之人參與政事，災禍、動亂就會發生。所以君王用人，不能不慎重。

【註釋】①乂：音yì／ㄧˋ。賢才。

312、亂之初生，僭①始既涵②。僭，不信也。涵，同也。王之初生亂萌，群臣之言，信與不信，盡同之不別。亂之又生，君子信讒。君子斥在位者，信讒人言，是復亂之所生。君子信盜③，亂是用④暴。盜，謂小人。盜言孔⑤甘，亂是用餤⑥。餤，進也。（卷三　毛詩）

【白話】追溯動亂的源頭，是君王面對僞言，分不清善惡眞假。動亂再次出現，那是君王聽信讒言，良臣卻無辜受壓。君王信任小人，才會亂象叢生。小人的甜言蜜語盛行於世，動亂終將逐步升級，直至無法收拾。

【註釋】①僭：音jiàn／ㄐㄧㄢˋ。虛僞，不可信。

②涵：同。

③盜：指讒佞的小人。

④是用：因此。用，表示憑藉或者原因。

⑤孔：甚，很。

⑥餤：音tán／ㄊㄢˊ。進食，引申爲增進或加劇。

313、政險失民，田薉①稼惡，糴②貴民饑，道路有死人，夫是之謂人妖③也。政令不明，舉措不時，本事不理，夫是之謂人妖也。禮義不修，外內無別，男女淫亂，父子相疑，上下乖離，寇難日至，夫是之謂人妖也。三者錯，無安國矣。其說甚邇，其災甚慘。

（卷三十八　孫卿子）

【白話】政治險惡失去民心，田地荒蕪收成不好，糧價昂貴百姓飢餓，路上有凍餓至死的人，這叫做人為的災禍。政令不清明，各種舉措不符合時機，對農業生產放任不管，這叫做人為的災禍。不進行倫理道德的教化和學習，內外沒有區別，男女淫亂，父子間沒有信任，君臣彼此背離，內憂外患一起到來，這叫做人為的災禍。這三種情況交錯發生，國家就無法安寧了。這些道理很淺近，但這些災難卻很慘重啊。

【註釋】①薉：音huì／ㄏㄨㄟˋ，荒蕪。

②糴：音dí／ㄉㄧˊ，買進穀物。

③人妖：人事方面的反常現象；人爲的災禍。

四、鑒戒

314、目也者，遠察天際，而不能近見其眥①。心亦如之。君子誠知心之似目也，是以務鑒於人以觀得失。（卷四十六　中論）

【白話】人的眼睛，遠望可以看到天的盡頭，而近看卻看不到自己的眼角。人心也是這樣。君子深知人心也像眼睛一樣，因此，努力以人爲鑒，來了解自己的過失。

【註釋】①眥：音zì／ㄗˋ。眼角，上下眼瞼的接合處。

315、古之人目短於自見，故以鏡觀面；智短於自知，故以道正己。目失①鏡，則無以正鬚眉；身失道，則無以知迷惑。

（卷四十　韓子）

【白話】古時候的人，因爲眼睛不足以看見自己，所以用鏡子來觀察面容；因爲智慧不足以認識自己，所以用道德仁義來端正自己的思想言行。眼睛失去鏡子，就沒有辦法端正容顏；身行離開道德仁義，就無法覺察自己的迷惑。

【註釋】①失：違背；離開。

316、子曰：「由，汝聞六言六蔽①乎？」對曰：「未。」「居②，吾語汝。好仁不好學，其蔽也愚；仁者愛物，不知所以裁之，則愚也。好智不好學，其蔽也蕩③；蕩，無所適守。好信不好學，其蔽也賊④；父子不知相爲隱之輩。好直不好學，其蔽也絞⑤；好勇不好學，其蔽也亂；好剛不好學，其蔽也狂⑥。」狂，妄抵觸人也。

（卷九　論語）

【白話】孔子說：「由，你聽說過六種事有六種蔽蔽的道理嗎？」子路直起身回答說：「沒有。」孔子說：「坐吧，我告訴你。好仁而不好學，其弊病是不分善惡，如同愚人；好智而不好學，其弊病是放蕩不羈而無操守；好信而不好學，其弊病是死守信諾而傷害道義情理；好直而不好學，其弊病是急躁而好揭短；好勇而不好學，其弊病是錯亂種種規矩；好剛而不好學，其弊病是狂妄而容易冒犯他人。」

【註釋】①蔽：壅蔽、覆障、弊端的意思。
②居：坐。古人鋪席於地，兩膝著席，臀部壓在腳後跟上，謂之「坐」。
③蕩：放蕩無操守。
④賊：傷害。
⑤絞：急切。
⑥狂：狂妄牴觸他人。

317、孔子曰：「士有五：有埶①尊貴者，有家富厚者，有資勇悍者，有心智慧者，有貌美好者。埶尊貴，不以愛民行義理②，而反以暴傲；家富厚，不以振窮③救不足，而反以侈靡無度；資勇悍，不以衛上攻戰④，而反以侵淩私鬥；心智慧，不以端計數⑤，而反以事奸飾詐⑥；貌美好，不以統朝蒞民⑦，而反以蠱⑧女從欲⑨。此五者，所謂士失其美質⑩也。」

（卷八　韓詩外傳）

【白話】孔子說：「士人有五類：有的權勢尊貴，有的家境富裕，有的本性勇敢，有的天資聰明，有的容貌美好。權勢尊貴的人，不利用他的權位去愛護百姓、依照倫理道德行事，反而利用權勢暴戾傲慢、欺壓百姓；家境富裕的人，不利用他的財富去救濟貧窮困乏的人，反而利用財富來過奢侈糜爛、沒有節制的生活；本性勇敢的人，不利用他的勇敢保衛國君、和入侵者戰鬥，反而憑藉勇力來欺侮別人，進行私人間的爭鬥；天資聰明的人，不利用他的明察來策劃政治的措施，反而憑藉智謀來從事奸邪的事，作假騙人；容貌美好的人，不利用他的威儀統率朝廷官吏、治理人民，反而用它來誘惑女子，放縱情欲。這五種人，可說是士人中喪失了其美好稟賦的人。」

【註釋】①埶：「勢」的古字。指權勢。
②義理：合於倫理道德的行事準則。
③振窮：救助困窮的人。④攻戰：猶作戰、戰鬥。
⑤計數：謀略。
⑥飾詐：謂作假騙人。
⑦莅民：管理百姓。
⑧蠱：誘惑，迷亂。
⑨從欲：縱欲。從，「縱」的古字。
⑩美質：美好的本質。

318、動則三思，慮而後行，重慎出入，以往鑒來。言之若輕，成敗甚重。（卷二十六　魏志下）

【白話】一舉一動都要反覆思考後再行動，出入都要慎重（不放縱個人喜好），用過去的歷史教訓作爲將來的借鑒。這些話說起來好像很輕鬆，但對於事業成敗影響卻很重大。

319、覽往事之成敗，察將來之吉凶，未有干名①要②利，欲而不厭③，而能保世④持家⑤，永全福祿者也。（卷二十六　魏志下）

【白話】觀察往事的成敗，考察將來的吉凶，還沒有追名逐利，貪婪而不知滿足，卻能保持家道世代相傳並長久享有福祿的人。

【註釋】①干名：求取名位。干，求。

②要：音yāo／ㄧㄠ，求取。

③厭：通「饜」，滿足。
④保世：謂保持爵祿、宗族或王朝的世代相傳。
⑤持家：保持家業。

320、周公曰：「吾聞之於政也，知善不行者則謂之狂，知惡不改者則謂之惑。夫狂與惑者，聖王之戒也。」（卷三十一　鬻子）

【白話】周公說：「我聽說關於爲政方面的事，知道是好事而不施行的叫做狂，知道是惡行而不改正的叫做惑。狂與惑是聖王所戒除的。」

321、昔桀紂滅由妖婦，幽厲亂在嬖妾①。先帝覽②之，以爲身戒，故左右不置婬邪之色，後房無曠積之女。（卷二十八　吳志下）

【白話】從前夏桀、商紂的滅亡是由於迷戀妖艷的婦人，周幽王、周厲王時發生動亂，是因爲寵幸愛妾。先帝吸取這些教訓，以此作爲自身的借鑒，所以身邊不安置淫邪的美色，後宮沒有積聚多餘的女子。

【註釋】①嬖妾：愛妾。

②覽：《三國志》通行本作「鑒」。

322、天下有三危：少德而多寵，一危也；材下而位高，二危也；身無大功而有厚祿，三危也。（卷四十一　淮南子）

【白話】天下有三種危險情況：缺少德行卻倍受尊寵，是第一種危險；才能低下卻地位高貴，是第二種危險；自身沒有大功卻享有優厚俸祿，是第三種危險。

323、夫與死人同病者，不可生也；與亡國同行者，不可存也。豈虛言哉？何以知人且病？以其不嗜食也。何以知國之將亂？以其不嗜賢也。（卷四十四　潛夫論）

【白話】與死人患同一種病的人，不能活下來；與亡國之君行爲相同的君主，其國家也不能長存。這難道是空話嗎？怎麼知道人將要生病呢？通過他不愛吃飯就可知曉。怎麼知道國家將會動亂呢？通過君主不愛賢才就能看出。

324、國得百姓之力①者富，得百姓之死②者強，得百姓之譽者榮。三得（三得舊皆作三德，改之。）者具，而天下歸之；三得者亡，而天下去之。（卷三十八　孫卿子）

【白話】國家若能得到百姓的效力就會富足，若能得到百姓拼命效死就會強盛，若能得到百姓的稱譽就會榮耀。三者具備，那麼天下的人民都將歸順；三者無一，那麼天下的人民就會背離。

【註釋】①力：勤，盡力。

②死：謂爲某事或某人而犧牲性命。

325、爲雕文刻鏤，技巧華飾，以傷農事，王者必禁之。（卷三十一　六韜）

【白話】在器物上刻鏤花紋圖案、追求精巧的技能和華麗的裝飾，而妨害農業，聖明的君主一定會嚴加禁止。

五、應事

326、凡人之道，心欲小，志欲大，智欲圓，行欲方，能欲多，事欲少。（卷三十五　文子）

【白話】大凡一個人的處世之道，內心要謹慎，志向要宏大，智慮要周到通達，行爲要方正不苟，能力要多，事務要少。

327、溺者不問隧①，迷者不問路。譬之猶臨難而遽②鑄兵，噎而遽

掘井，雖速亦無及。（卷三十三　晏子）

【白話】被水淹的人事先沒有探明涉水的路線，迷途的人事先沒有問路。這就好比面臨外敵入侵的危難時，才急急忙忙鑄造兵器，吃飯噎著以後才急急忙忙去挖井，即使很快，也來不及了。

【註釋】①隧：路，指涉水之路。

②遽：音jù／ㄐㄩˋ。倉猝，匆忙。

328、故舉重越高者，不慢於藥；愛赤子者，不慢於保；絕險①歷遠者，不慢於御。此得助則成，釋助則廢矣。（卷三十七　愼子）

【白話】托負重物跨越高處的人，一定不敢忽視藥物；疼愛嬰兒的人，一定不敢怠慢保姆；越過險阻遊歷遠方的人，一定不敢怠慢駕御車馬的人。這是因爲得到幫助才能成功，失去幫助就會失敗。

【註釋】①絕險：越過險阻。

329、聖人居高處上，則以仁義爲巢①；乘危履傾，則以聖賢爲杖。故高而不墜，危而不仆②。（卷四十　新語）

【白話】聖人身處高位，就以道德仁義作爲自己安身的居所；面臨險境危難，就把聖賢之人作爲自己依靠的拄杖。所以聖人身居高位不會墜落，身臨險境也不會跌倒。

【註釋】①巢：居所。

②仆：向前跌倒。

330、夫聖人之屈者以求申也，枉者以求直也。故雖出邪僻之道，行幽昧之塗，將欲以興大道成大功，猶出林之中，不得直道，拯溺之人，不得不濡①足。（卷四十一　淮南子）

【白話】聖人委屈自己，是爲了日後道義的伸展；暫時的彎曲，是追求日後的挺直。所以他雖然從邪僻不直的道路上出發，而走在昏暗不明的路上，是要由此振興大道、成就大業，就好比要走出叢林就不可能只走筆直的道路，要拯救溺水的人就不能不沾濕雙腳一樣。

【註釋】①濡：音rú／ㄖㄨˊ。浸漬，沾濕。

331、地廣而不德者國危，兵強而凌敵者身亡。虎兕①相搏，而螻蟻得志；兩敵相機，而匹夫乘閑。是以聖王見利慮害，見遠存近。（卷四十二　鹽鐵論）

【白話】土地廣闊而不實行德政，國家就會有危險；兵力強大而侵犯他國，自身就會滅亡。猛虎和兕相互搏鬥，螻蛄和螞蟻就會得志；兩個對手相互抗爭，平庸之輩就會有機可乘。因此，聖明的君主，看到有利的一面，還會考慮有害的一面；既會考慮未來，也會注意眼前的形勢。

【註釋】①兕：音sì／ㄙˋ。古代獸名。一說兕就是雌犀。

332、服一綵①，則念女功之勞；御②一穀，則恤農夫之勤；決不聽之獄③，則懼刑之不中；進一士之爵，則恐官之失賢；賞毫氂之善，必有所勸④；罰纖芥之惡，必有所沮⑤。

（卷四十七　政要論）

【白話】穿上一件彩服，就想到織女的辛勞；吃一粒米，就體恤農夫勞作的不易；判決一件還沒有定罪的案子，就擔心用刑是否適當；晉升一個爵位，就思考自己是否用人失賢；對一個極小善舉的賞賜，一定要能起到勸勉人們向善的作用；對一個極微惡行進行處罰，也一定起要到警戒世人不敢作惡的功效。

【註釋】①綵：光色；花紋。

②御：進食；食用。

③不聽之獄：沒有定罪的案子。不聽，不定罪。

④勸：勉勵。

⑤沮：阻止；終止。

六、慎始終

333、事者難成而易敗也，名者難立而易廢也。千里之堤，以螻蟻之穴漏；百尋①之屋，以突②隙之煙焚。突，灶突也。（卷四十一　淮南子）

【白話】事情不易成就卻容易失敗，名聲不易樹立卻容易摧毀。千里大堤，會因螻蟻之穴而發生滲漏；百尋高樓，會因煙囪縫隙冒出的火星而焚毀。

【註釋】①百尋：形容極高或極長。尋，古制八尺爲一尋。

②突：煙囪。

334、愼厥終，惟其始。靡不有初，鮮克有終。故戒愼終如其始也。殖①有禮，覆昏暴。有禮者封殖之。昏暴者覆亡之。欽②崇天道，永保天命。王者如此上事。則敬天安命之道也。（卷二　尚書）

【白話】愼重地結束一件事要如開始時一樣戰戰兢兢。對符合禮義的事情大爲扶持，對昏亂凶惡的事要嚴懲禁絕。敬奉上天的意志，才可永保上天賦予的使命。

【註釋】①殖：樹立。引申爲扶植勢力；培養人才。

②欽：敬。

335、無安厥位，惟危。言當常自危懼。以保其位也。愼終於始。於始慮終。於終慮始。（卷二　尚書）

【白話】不要自安於天子之位，要想到其危險。愼重地考慮到後果，從開頭就要小心謹愼啊！

336、能長保國者，能終善者也。諸侯並立，能終善者爲長；列士並立，能終善者爲師。（卷三十三　晏子）

【白話】能夠保持國家長久者，是能自始至終行善政的人。諸侯並立於世，自始至終能行善政者可爲首領；衆多士人並立於朝，自始至終能行善事者可以爲師。

337、勞謙君子，有終，吉。勞謙匪懈。是以吉也。（卷一　周易）

【白話】有功勞而且懂得謙虛的君子，能夠保持謙德至終，凡事都會吉利。

七、養生

338、目之所好，不可從也；耳之所樂，不可不愼（本書不愼作順一字）也；鼻之所喜，不可任也；口之所嗜，不可隨也；心之所欲，不可恣也。故惑目者，必逸容①鮮藻②也；惑耳者，必姸音淫聲也；惑鼻者，必芷蕙③芬馥④也；惑口者，必珍羞⑤嘉旨⑥也；惑心者，必勢利功名也。五者畢惑，則或承之禍，爲身患者，不亦信哉？是以其抑情也，劇乎隄防之備決；其御性也，過乎腐轡⑦之乘奔。故能內保永年，外免釁⑧累也。（卷五十　抱朴子）

【白話】眼所喜歡看的，不可依從；耳所喜歡聽的，不可順應；鼻所喜歡聞的，不可放任；口所喜歡吃的，不可隨順；心所貪求的，不可恣意放肆。所以迷惑眼睛的，必是美貌華飾；迷惑耳朵的，必是豔歌俗曲、靡靡之音；迷惑鼻子的，必是芬芳馥鬱的香味；迷惑口舌的，必是珍饈佳餚；迷惑心靈的，必是權勢利祿與功名。五者全都被迷惑，就可能要遭遇災禍、危害生命，這不是確信無疑的嗎？因此他們抑制自己的欲望，比預防堤防崩潰還更認眞嚴肅；他們制約自己的秉性，比用腐朽的繩索套著奔馬還更小心翼翼。所以內則能保持長壽，外則免除世上的禍患。

【註釋】①逸容：猶美貌。
②鮮藻：華麗的裝飾。
③芷蕙：皆香草名。《抱朴子》通行本作「茝蕙」，茝亦香草名。
④芬馥：香氣濃郁。
⑤珍羞：亦作「珍饈」，珍美的肴饌。
⑥嘉旨：指美酒佳餚。
⑦轡：音pèi／ㄆㄟˋ。駕馭馬的韁繩。
⑧釁：音xìn／ㄒㄧㄣˋ。罪過；過失。

339、夫酒醴之近味，生病之毒物，無豪鋒之細益，有丘山之巨損。（卷五十　抱朴子）

【白話】酒類近似於美味，卻都是致病的毒藥，無絲毫的好處，卻有像山一樣大的損害。

陸、明辨

一、邪正

340、夫邪正之人，不宜共國①，亦猶冰炭不可同器。（卷二十三　後漢書三）

【白話】邪惡與正義的人，是不適合共理國事的，就好比冰和炭不能放在同一個容器中一樣。

【註釋】①共國：同治國事。

341、君子非義（義上有仁字，下同）無以生，失義則失其所以生；小人非嗜欲無以活，失嗜欲則失其所以活。故君子懼失義，小人懼失利。觀其所懼，知居（居作各）殊矣。（卷四十一　淮南子）

【白話】君子若沒有仁義就不能生存，失去仁義就等於失去生存的基礎；小人若沒有嗜欲就不能生活，失掉嗜欲也就失去了他生活的依託。所以君子擔心失去仁義，而小人害怕失去利益。觀察他們所擔心的，就能看出君子與小人的不同。

二、人情

342、自古有國有家者，咸欲修德政以比隆①盛世，至於其治，多不馨香。非無忠臣賢佐，闇於治體②也，由主不勝③其情，弗能用耳。夫人情憚難而趣④易，好同而惡異，與治道相反。

（卷二十七　吳志上）

【白話】自古以來有國的諸侯、有家的卿大夫，都想實施德政來達到與古代盛世同樣的興盛，但是他們治理的成果，大多都不美好。這不是因爲沒有忠誠賢明的輔臣，以及不懂得治國的要領，而是由於君主不能克制自己的私情，不能任用忠臣及遵從治國正道。人之常情總是害怕困難而趨向容易，喜好別人贊同而厭惡異議，這與治國之道剛好相反。

【註釋】①比隆：同等興盛。

②治體：治國的綱領、要旨。

③不勝：制伏不住。

④趣：趨向，歸向。

343、夫小臣之欲忠其主也，知愛之而不能去其嫉妒之心，又安能敬有道，爲己願稷契之佐哉。（卷四十七　劉廙政論）

【白話】那些小臣們想效忠他的君主，只知道偏愛君主，而不能去掉自己的嫉妒心理，又怎能恭敬有德有才之人，願意自己成爲稷、契這樣的輔佐之臣呢？

三、才德

344、釋道而任智者必危，棄數①而用材者必困。（卷四十一　淮南子）

【白話】放棄大道而單憑自己的聰明行事一定會很危險，拋棄常理而任用才能必然會陷於困境。

【註釋】①數：道理；規律。

345、弓調而後求勁焉，馬服而後求良焉，士必愨①而後求智能焉。不愨而多能，譬之豺狼，不可邇也。邇，近也。言人無智能者，雖不愨信，不能爲大惡也，不愨信而有智能者，然後乃可畏也。（卷十　孔子家語）

【白話】弓調好後才能進一步要求它有勁，馬馴服後才能要求它成爲良馬，讀書人一定要恭謹樸實，然後才要求他聰明能幹。不恭謹忠厚而又多才多能，就像豺狼一樣，不可以接近。

【註釋】①愨：音què／ㄑㄩㄝˋ。恭敬謹慎；樸實忠厚。

四、朋黨

346、夫乘權席①勢之人，子弟鱗集②於朝，羽翼陰附者眾。毀譽將必用，以終乖離之咎。（卷十五　漢書三）

【白話】那些倚仗權勢的人，他們的子弟群集於朝廷，左右黨羽和私下依附的人非常之多。他們必定使用詆毀和讚譽的手段，最終因背離正道產生災禍。

【註釋】①席：憑藉；倚仗。

②鱗集：群集。

347、若不篤於至行，而背本逐末，以陷浮華焉，以成朋黨焉。浮華則有虛僞之累，朋黨①則有彼此之患。（卷二十六　魏志下）

【白話】如果不專注於培養高尚的品行，而背離爲人的根本（孝敬仁義），追逐枝末（功名富貴），就會陷入浮華虛榮，就會結幫成夥。追求浮華就會受虛僞所累而內心空虛不安，結成團夥則會有彼此牽連的禍患。

【註釋】①朋黨：同類的人相互集結成黨派，排除異己。

五、辨物

348、知人者智，能知人好惡是智。自知者明。人能自知賢不肖，是爲反聽無聲，內視無形，故爲明也。勝人者有力，能勝人者，不過以威力也。自勝者強。人能自勝己情欲，則天下無有能與己爭者，故爲強也。知足者富，人能知足之爲（無之爲二字）足，則保福祿，故爲富也。強行①者則有志。人能強力行善，則爲有意於道。不失其所者久，人能自節養，不失其所（所下有受天二字），則可以久也。死而不妄者壽。目不妄視，耳不妄聽，口不妄語，則無怨惡於天下，故長壽也。（卷三十四　老子）

【白話】能夠了解別人是有智慧，能夠了解自己才算明白。能夠戰勝別人是有力量，能夠戰勝自己的欲望、習氣才算強大。知足就是眞正的富有，努力行善就是有志。所作所爲不離開自己本性的才能持久，身死而精神長存的才是眞正的長壽。

【註釋】①強行：勤勉力行。

349、耳不聽五聲①之和爲聾，目不別五色②之章③爲昧，心不則德義之經爲頑，口不道忠信之言爲嚚④。（卷四 春秋左氏傳上）

【白話】耳朵聽不清五聲的唱和是聽覺失靈，眼睛辨不明五色的花紋是視覺模糊，心裡不效法德義的準則是頑劣，嘴裡不說忠信的話是奸詐。

【註釋】①五聲：指宮、商、角、徵、羽五音。

②五色：青、赤、白、黑、黃五種顏色。古代以此五者爲正色。

③章：彩色；花紋。

④嚚：音yín／ㄧㄣˊ。奸詐。

350、所謂爲善者，靜而無爲也；所謂爲不善者，躁而多欲也。（卷四十一　淮南子）

【白話】所謂爲善，就是心神寧靜，順應內在的善良本性和外在的發展形勢，不任意妄爲；所謂爲不善，就是浮躁而多欲。

351、有見人之私欲，必以正道矯之者，正人之徒也；違正而從之者，佞人之徒也。自察其心，斯知佞正之分矣。（卷四十九　傅子）

【白話】看到別人有私欲，就用正確的思想去矯正的人，是正直之人；違背正直之道而順從對方私欲者，是奸佞之徒。（君主）自己審察他們的內心，就知道佞人和正人的區別了。

352、夫物之相類者，世主之所亂惑也；嫌疑①肖象者，眾人之所眩燿②也。故狠③者類智，而非智也；（狠，慢也。）愚者類君子（君子作仁一字，下同），而非君子也；戇④者類勇，而非勇也。

（卷四十一　淮南子）

【白話】彼此相似的事物，君王常被迷惑；彼此相像難以辨別的現象，大眾常被迷亂。所以傲慢自恃的人看似有智慧，實際上不算智慧（而是獨斷）；愚鈍的人看似寬厚仁慈，而實際上那不是仁慈（而是懦弱）；急躁剛直的人看似勇敢，而實際上那不是勇敢（而是魯莽）。

【註釋】①嫌疑：疑惑難辨的事理。

②眩燿：迷惑；迷亂。

③狠：當作「狙」，本字爲「怚」，驕傲。

④戇：音zhuàng／ㄓㄨㄤˋ。急躁而剛直。

353、使人大迷惑者，必物之相似者也。玉人①之所患，患石之似玉者；賢主之所患，患人博聞辯言而似通者。通，達。亡國之主似智，亡國之臣似忠。似之物，此愚者之所大惑，而聖人之所加慮也。思則知之。（卷三十九　呂氏春秋）

【白話】使人深受迷惑的，一定是相似的事物。玉匠所擔心的，是與玉相似的石塊；賢明的君主所擔心的，是那些表面上見聞廣博、能言善辯，很像是通達治國之道的人。使國家敗亡的君主看似聰慧，使國家敗亡的臣子看似忠誠。這些相似的事物，是愚者十分迷惑的，卻是聖人多加思慮的。

【註釋】①玉人：雕琢玉器的工人。

354、夫美（美疑業）大者深而難明，利長者不可以倉卒①形②也，故難

明長利之事廢於世。（卷四十七　劉廙政論）

【白話】眞正美好的謀略因爲道理太深而難以闡明，眞正長遠的利益很難在短時間內顯現，所以難於闡明而有長遠利益的事往往就被世人廢棄了。

【註釋】①倉卒：亦作「倉猝」，匆忙急迫，此處指短時間內。

②形：流露；顯示。

355、吾觀其吏，暴虐殘賊，敗法亂刑而上下不覺，此亡國之時也。夫上好貨①，群臣好得，而賢者逃伏②，其亂至矣。（卷三十一　六韜）

【白話】我觀察他的官吏，凶狠殘忍，敗壞法紀，亂施刑罰，而君臣上下還執迷不悟，這是該亡國的時候了。君主貪愛財物，群臣貪得利益，而賢者紛紛逃避隱藏，國家的混亂已經到了。

【註釋】①好貨：貪愛財物。貨，財物，金錢珠玉布帛的總稱。
②逃伏：逃亡隱匿。

六、因果

356、山致其高，而雲雨起焉。水致其深，而蛟龍生焉。君子致其道，而德澤流焉。夫有陰德①者，必有陽報②。有隱行③者，必有昭名。（卷三十五　文子）

【白話】山達到了一定的高度，就會興起雲雨。水達到了一定的深度，就會有蛟龍出沒。君子達到了高尚的道德修養，其仁德恩惠就會流布四方。暗中施恩於人的人，一定會得到明顯的回報。有人所不知的高尚品行的人，日後一定會有顯著的名聲。

【註釋】①陰德：暗中做的有德於人的事。

②陽報：顯明的報應。

③隱行：猶陰德，謂不爲人知的美行。

357、蓋德厚者報美，怨大者禍深。故曰，德莫大於仁，而禍莫大於刻。（卷四十二 新序）

【白話】道德深厚的人一定會獲得吉祥美好的回報，與人結怨太多的人，一定會招來深重的禍患。所以說，沒有比仁慈更大的美德，沒有比苛刻更大的禍患。

358、詩曰：「下民之孽①，匪降自天。僔遝②背憎③，職競④由人。」（卷四 春秋左氏傳上）

【白話】《詩經》上說：「百姓遭受的災難，不是老天降下的。當面說說笑笑，背後憎恨攻擊，這完全是人們互相爭鬥造成的。」

【註釋】①孽：災害，災禍。

②僔遝：音zǔn tà／ㄗㄨㄣˇ ㄊㄚˋ。謂相聚面語。僔，聚。遝，通「沓」。紛多聚積。

③背憎：謂背地裡憎恨。

④職競：職，只。競，爭。後遂以「職競」用爲專事競逐之意。

359、和氣致祥，乖氣①致異。祥多者其國安，異②衆者其國危。

（卷十五　漢書三）

【白話】賢臣在位齊心效力的和諧氣氛感召吉祥，奸臣當道排擠忠良的不和氣氛招致災異。祥瑞多國家就安定，災異多國家就危難。

【註釋】①乖氣：邪惡之氣；不祥之氣。

②異：怪異不祥之事；災異。

360、及至後世，淫泆衰微，諸侯背叛，廢德教而任刑罰。刑罰不中①，則生邪氣，邪氣積於下，怨惡蓄於上，上下不和，陰陽繆戾②，而妖孽③生矣。此災異所緣而起也。（卷十七　漢書五）

【白話】到了後世，君王恣意逸樂，王道衰敗，諸侯背叛，廢棄道德教化而任用刑罰。刑罰使用不恰當，就會產生邪惡不良的風氣，邪惡風氣聚集於下，怨恨憎惡蓄積於上，上下不和，陰陽錯亂，那麼怪異凶惡的事物或預兆就會產生。這就是天災人禍發生的原因。

【註釋】①不中：不適合，不適當。
②繆戾：錯亂，違背。
③妖孽：指物類反常的現象，不祥之兆。

中华文化讲堂系列图书

序号	书名	著者	定价
“治要”系列			
1	《群书治要》考译	（唐）魏徵等	298.00
2	《群书治要》译注（全二十八册)	（唐）魏徵等	420.00
3	《群书治要》译注（精装全十册）	（唐）魏徵等	980.00
4	《群书治要》译注（简体全十册）	（唐）魏徵等	420.00
5	群书治要（原文版）	（唐）魏徵等	128.00
6	《群书治要》360	（唐）魏徵等	15.00
7	品读《群书治要》	刘余莉	32.00
8	《群书治要》心得	萧祥剑	32.00
9	《群书治要》五十讲	萧祥剑	49.80
10	国学治要（全八册）	张文治	320.00
11	群书治要菁华录（全三册）	（唐）魏徵等	98.00
12	古镜今鉴：《群书治要》故事选	（唐）魏徵等	29.80
13	建国君民，教学为先：《群书治要》的启示	刘余莉等	25.00
14	群书治要360（正体字版）（Ⅰ、Ⅱ）	（唐）魏徵等	60.00
王凤仪伦理思想系列			
1	王凤仪讲人生	王凤仪	32.00
2	王凤仪诚明录	王凤仪	29.80
3	王凤仪嘉言录	王凤仪	29.80
4	王凤仪言行录	王凤仪	29.80
5	王凤仪笃行录	王凤仪	29.80
6	来自山沟的大智慧(全二册）	以志	58.00
7	王凤仪年谱与语录(全二册）	王凤仪	48.00
8	王凤仪性理讲病录	王凤仪	29.80
9	家和万事兴	王元五	29.80
10	家和万事兴Ⅱ：伦理道德与幸福人生	王元五	25.00
11	来自山沟的大智慧（精装版）	以志	58.00

钟茂森儒释道经典讲座系列			
1	《孝经》研习报告	钟茂森	29.80
2	《朱子治家格言》研习报告	钟茂森	25.00
3	《弟子规》研习报告	钟茂森	18.00
4	《太上感应篇》研习报告	钟茂森	18.00
5	《十善业道经》研习报告	钟茂森	18.00
6	找寻中国精神	钟茂森	25.00
7	《了凡四训》研习报告	钟茂森	25.00
8	细讲《大学》	钟茂森	25.00
9	钟博士讲解《弟子规》	钟茂森	22.00
10	钟博士简讲《孝经》	钟茂森	22.00
11	细讲《论语》（Ⅰ、Ⅱ）	钟茂森	23.80
12	窈窕淑女的标准	钟茂森	29.80
13	中国精神	钟茂森	10.00
14	《文昌帝君阴骘文》讲记	钟茂森	108.00
15	母慈子孝	钟茂森	19.80
16	赵良玉钟茂森母子讲演录全二册	赵良玉 钟茂森	16.00
17	《论语》讲记（全九册）	钟茂森	360.00
女德教育系列			
1	女四书·女孝经	（清）王相	18.00
2	女子德育课本	蔡振绅	18.00
3	窈窕淑女的标准	钟茂森	29.80
4	《女四书》白话解	沈朱坤	15.00
5	齐家治国 女德为要	陈静瑜	26.00
6	《女四书·女孝经》译注	（清）王相	26.00
7	《教女遗规》译注	（清）陈宏谋	32.00
8	教子要言	（清）郭家珍	18.00
童蒙养正系列			
1	五种遗规	（清）陈宏谋	58.00

2	民国老课本（全五册）	沈颐、戴克敦等	75.00
3	《养正遗规》译注	（清）陈宏谋	32.00
4	《弟子规》图说	（清）李毓秀	6.00
5	德育课本（全四册）	蔡振绅	128.00
6	言文对照小学集注	（宋）朱熹	32.00
7	民国小学生作文文库（全八册）	蔡元培等	240.00
8	民国老作文：全国学生国文成绩新文库	蔡元培等	120.00
9	常礼举要讲记	徐醒民	20.00
10	澄衷蒙学堂字课图说（全八册）	刘树屏	240.00
11	福田心耕—青少年要上的十二堂国学课	蔡礼旭	15.00
12	为你自己读书Ⅱ	肖卫	26.80

深入经藏系列

1	《阿弥陀经》白话解释	黄智海	20.00
2	《观无量寿佛经》白话解释	黄智海	20.00
3	《普贤行愿品》白话解释	黄智海	20.00
4	《心经·金刚经》白话解释	黄智海等	20.00
5	《无量寿经》白话易解	净空法师	20.00
6	《地藏菩萨本愿经》白话解释	胡维铨	20.00
7	改过修善、惜福积福——《太上感应篇》讲记	净空法师	26.00
8	改造命运、心想事成——《了凡四训》讲记	净空法师	26.00
9	印光法师文钞全集	印光法师	168.00
10	感应篇汇编	印光法师鉴定	68.00
11	安士全书	周安士	68.00
12	《佛说阿弥陀经要解》讲记	净空法师	30.00
13	《六祖坛经》讲记	净空法师	30.00
14	《地藏菩萨本愿经》讲记	净空法师	30.00
15	《阿难问事佛吉凶经》讲记	净空法师	30.00
16	《无量寿经菁华》讲记	净空法师	30.00
17	《十善业道经》讲记	净空法师	30.00

18	《发起菩萨殊胜志乐经》讲记	净空法师	30.00
19	《金刚经》讲记	净空法师	30.00

国学经典系列

1	张居正讲《大学 中庸》	（明）张居正	24.00
2	张居正讲《论语》	（明）张居正	32.00
3	张居正讲《孟子》	（明）张居正	42.00
4	读易简说、儒学简说	徐醒民	32.00
5	悦心集	（清）雍正	29.80
6	《论语》讲要	李炳南	36.00
7	文白对照曾国藩家书全编（全四册）	（清）曾国藩	198.00
8	言文对照《古文观止》	宋晶如	48.00
9	曾文正公全集（全二十三册）	（清）曾国藩	698.00
10	中华传世经典藏书（第一辑）全十册	王应麟等	100.00
11	纳兰词笺	（清）纳兰性德	29.80
12	曾文正公家书（正体竖排）	（清）曾国藩	78.00

其他系列

1	《中华文化大讲堂》（第一、二、三辑）	诚敬和	32.00
2	企业人的道德修养	慧祥	25.00
3	人生宝典：了凡四训、俞净意公遇灶神记、心相篇、保富法、王凤仪嘉言表	和谐	29.80
4	曾国藩传	蒋星德	29.80
5	家和宝典	刘光启	29.80
6	踏对人生的脚步	蔡礼旭	25.00
7	建立理智的人生观	蔡礼旭	22.00
8	老人言	净空法师	29.80
9	民间国学手抄本	周本寿	29.80

联系方式

电　话：010 — 65407420　13911578809　　网　址：www.zhwhdjt.com

（“中华文化讲堂系列丛书”编辑工作组诚邀广大热爱传统文化的同仁加入，从事编辑、设计的工作，欢迎有志者发送个人简历至电子邮箱：bjcgwx@aliyun.com）